A escola da infância

FUNDAÇÃO EDITORA DA UNESP

Presidente do Conselho Curador
Herman Jacobus Cornelis Voorwald

Diretor-Presidente
José Castilho Marques Neto

Editor-Executivo
Jézio Hernani Bomfim Gutierre

Conselho Editorial Acadêmico
Alberto Tsuyoshi Ikeda
Célia Aparecida Ferreira Tolentino
Eda Maria Góes
Elisabeth Criscuolo Urbinati
Ildeberto Muniz de Almeida
Luiz Gonzaga Marchezan
Nilson Ghirardello
Paulo César Corrêa Borges
Sérgio Vicente Motta
Vicente Pleitez

Editores-Assistentes
Anderson Nobara
Henrique Zanardi
Jorge Pereira Filho

JAN AMOS COMENIUS

A escola da infância

Tradução
Wojciech Andrzej Kulesza

J. A. COMENII
DIDACTICORUM
OPERUM

Pars Prima.

Ea continens, qvæ de sanctiore Iuventutis Educatione, melioreqve Scholarum statu, ab Anno 1627 usqve ad 1642 scripta fuere: cum breviter memoratis Occasionibus qvibus eô fuit ventum, subseqvutisqve Eruditorum censuris.

Qvorum syllabum seqvens ostendet pagina.

© 2011 da tradução brasileira
Título original: *Schola Infantiae* (1632)

Direitos de publicação reservados à:
Fundação Editora da Unesp (FEU)
Praça da Sé, 108
01001-900 – São Paulo – SP
Tel.: (0xx11) 3242-7171
Fax: (0xx11) 3242-7172
www.editoraunesp.com.br
www.livrariaunesp.com.br
feu@editora.unesp.br

CIP – Brasil. Catalogação na fonte
Sindicato Nacional dos Editores de Livros, RJ

C725e

Comenius, 1592-1670
    A escola da infância / Jan Amos Comenius; tradução Wojciech Andrzej Kulesza. – São Paulo: Ed. Unesp, 2011.
    120p. (Clássicos)

    Tradução de: Schola infantiae
    ISBN 978-85-393-0137-9

    1. Educação 2. História da educação. 3. Filosofia da educação. 4. Pedagogia do século XVII. 5. Obras anteriores a 1800. I. Título. II. Série

11-3225.   CDD: 370
                                              CDU: 37

Editora afiliada:

Sumário

Prefácio . *IX*
Antonio Joaquim Severino

Apresentação . *XV*
Wojciech Andrzej Kulesza

Capítulo I
Os filhos, preciosa dádiva divina e incomparável
tesouro, reclamam nossa maior atenção . *1*

Capítulo II
Com que finalidade Deus nos dá filhos e com que
objetivo devemos conduzir a sua educação . *7*

Capítulo III
É imprescindível que a juventude tenha uma
correta educação . *11*

Capítulo IV
Em que coisas devemos exercitar gradualmente
a juventude desde seu nascimento para que ela
esteja habilitada nessas coisas aos 6 anos de vida . *15*

Jan Amos Comenius

Capítulo V
Como levar a juventude a ter saúde e vigor . 23

Capítulo VI
Como educar as crianças para o conhecimento
das coisas . 35

Capítulo VII
Como acostumar os filhos a uma vida ativa
e permanentemente ocupada . 43

Capítulo VIII
Como ensinar as crianças a usar a linguagem
com sabedoria . 49

Capítulo IX
Como preparar a juventude para os bons
costumes e virtudes . 53

Capítulo X
Como exercitar os filhos na piedade . 65

Capítulo XI
Quanto tempo os filhos devem permanecer
na escola materna . 75

Capítulo XII
Como os pais devem preparar seus filhos para
a escola pública . 79

Referências bibliográficas . 85

VIII

Prefácio

Eis uma oportunidade gratificante ter sido convidado para a elaboração do prefácio ao lançamento, no Brasil, de *A escola da infância*, texto germinal não só da vasta obra de Comenius, mas praticamente de toda a educação moderna – no que diz respeito à educação infantil. É uma produção fundamental em sua obra, fundadora, porque marca a própria formação da noção de infância, característica da modernidade, quando começa a reconhecer que a criança não é apenas um adulto em potência, mas um sujeito pleno de sentido em si mesmo, merecedor, portanto, de uma acurada atenção e cuidado. Essas ideias, que hoje nos soam tão óbvias e familiares, estavam sendo lançadas em pleno século XV, no seio de uma cultura totalmente insensível a essa significação da infância. É, pois, indiscutível a pertinência da publicação desta pequena, mas relevante obra de Comenius, colocando tais ideias fundantes da atual concepção da infância e da educação infantil ao alcance do público brasileiro.

Com isso, esta obra contribui concretamente para ampliar e aprofundar o conhecimento desse pensamento. Ademais, o debate sobre o sentido da infância e da educação infantil continua atualíssimo, longe de estar exaurido, bastando observar o elevado número de estudos e pesquisas sobre o tema que são divulgados, sob forma de livros e artigos científicos, bem como a intensa e extensa iniciativa do poder público com vistas à instauração de um sistema de ensino infantil no país. No entanto, mais que sinais positivos, isso mostra quão impactante continua sendo nos dias de hoje o desafio que a educação das crianças nos lança cotidianamente. Há um certo sentimento de insegurança, de fragilidade, de incerteza, e mesmo de fracasso, ao nos defrontarmos, em pleno século XXI, com essa tarefa que se reinicia a cada dia, de cuidar da infância no conturbado mundo contemporâneo. Talvez esteja aí o problema fulcral da educação, o seu nó górdio, muito mais que suas condições e circunstâncias contextuais. A questão é o que é a criança e como educá-la.

Este é um livro que Comenius compôs para atender a educação das crianças, "desde a concepção até os 6 anos de idade", mais abrangente que nossa atual educação infantil, mas não menos sagaz e sensível. Na verdade, ele vai muito além disso, ao envolver uma concepção abrangente de todo o processo educativo, em todas as suas dimensões e fases, coerentemente com o próprio espírito de sua contribuição teórica.

Muitos são os méritos de Comenius, méritos que tornam essa sua contribuição pioneira e extremamente "atual" para a teoria educacional contemporânea. Em primeiro lugar, destaca-se a percepção da identidade da criança, isso quase cem anos antes de Rousseau. É algo realmente muito admirável que, vivendo num contexto no qual metafísica e religião ainda eram hegemônicas — afinal ele é um homem cristão —, Comenius tenha tido intuições surpreendentes com relação à identidade

A escola da infância

infantil, o que o levou a propostas originais para a lide pedagógica bem distantes das diretrizes tradicionais. Pouco importa que suas propostas ainda se encontrem envolvidas na cosmovisão teológica, pois esta nunca tolheu sua lucidez em identificar as necessidades autenticamente antropológicas dos sujeitos educandos. Como ele nos lembra, no Capítulo V, "rezar só não basta, é preciso também trabalhar para isso", quando está em pauta o cuidado com o futuro rebento. É verdade que essa imbricação religiosa possa ter sido um dos óbices que dificultaram uma apropriação menos preconceituosa de sua obra por parte dos modernos e contemporâneos. Mas é preciso ver além dessas brumas.

A segunda intuição genial de Comenius é ter entendido que a educação só pode realizar-se se organicamente articulada no que chamamos hoje de um projeto educativo. Daí a sistematicidade de seus pensamentos que, embora distribuídos em várias obras, estão sempre relacionados, consolidando-se finalmente na famosa *Didática magna*, que sintetiza toda a sua concepção nesta fórmula tão sábia e correta: ensinar tudo a todos, integralmente. Lema mais que pertinente, embora desafiador e utópico, mas, sem a menor dúvida, o horizonte almejado para que se tenha, um dia, uma sociedade efetivamente democrática, fundada na cidadania. Impressiona que, naquela altura, esse educador tenha se referido até mesmo à condição da criança ainda no útero materno como uma referência importante para sua educação futura. E com que carinho e lucidez se dirige às mães grávidas para lhes lembrar dos cuidados que precisam ter com o feto que carregam no ventre...

Outro significativo mérito de Comenius é ter intuído que, em educação, teoria e prática não podem se separar. Daí a

XI

Jan Amos Comenius

ausência de qualquer preconceito com relação ao que fazer no cotidiano da educação, além de uma sincera e cuidadosa atenção dispensada, em seus textos, às famílias, particularmente às mães e às amas, aos professores, aos gestores – o que dá aos escritos o ar de manuais, com orientações didáticas bem concretas, redigidas em linguagem acessível. Mas a prática não aparece aí apenas como lide do educar, é também fundamento para a compreensão do fenômeno educativo, o que leva Jean Piaget a reconhecer Comenius como um "precursor da ideia genética e fundador de um sistema progressivo de instrução", como nos informa o tradutor na Apresentação deste livro.

Como não ver em Comenius um dos primeiros pensadores a fazer uma sistemática defesa da escola, como instituição pública e universal, mediação fundamental do processo educativo? Como não ver nele o cofundador da pedagogia moderna, quando, mesmo sob a impregnação religiosa, ele propõe incisivamente a inclusão no currículo escolar das disciplinas científicas, que mal haviam se formado àquela altura da história ocidental?

E o que não dizer do pioneirismo de Comenius ao dar tão relevante destaque à linguagem? E é com os recursos de que hoje somos possuidores no manejo lógico e redacional da linguagem que devemos acolher e ler esta obra, despojando-nos de preconceitos e simplismos. Obviamente, ela precisa ser contextualizada não só no plano macro-histórico da cultura ocidental, mas também levando em conta a heterogeneidade do público a que o autor, tão generosamente, a dedicara. Com essa postura, este texto nos revelará ricas e fecundas intuições.

Por sinal, o leitor será muito bem auxiliado nesse empreendimento pela excelente apresentação que antecede o texto de

A escola da infância

Comenius, de autoria de Wojciech A. Kulesza, tradutor deste livro. Além de situar o escrito comeniano no conjunto de sua produção e no contexto histórico-cultural, Kulesza nos introduz ao significado específico da obra, fornecendo um excelente roteiro para a apreensão de seu conteúdo.

Wojciech A. Kulesza é um dos maiores especialistas no pensamento de Comenius, sobre quem já muito pesquisou e escreveu, plenamente qualificado para a sempre difícil e penosa tarefa da tradução. Dentre seus escritos sobre o pensamento comeniano, destacam-se o livro *Comenius: a persistência da utopia em educação*, além dos textos "Comenius e a crise dos paradigmas em educação", publicado na *Revista da Academia Baiana de Educação*; "O lugar do ensino de ciências na pedagogia de Comenius", publicado na revista *Temas em Educação*; e "Comenius' Proposal of Scientific Literacy" [A proposta de Comenius de literatura científica], publicado em *The Legacy to the Culture of Education* [O legado da cultura de educação].

Certamente, a leitura da apresentação e do texto integral de *A escola da infância* enriquecerá nossa compreensão do sentido da educação, de modo particular, quando dirigida à infância, incentiva-nos a investir nessa secular e inexaurível missão de ensinar tudo a todos, integralmente, como já sonhava Comenius em pleno século XVII, que se encontra expressa no conhecido e citado trecho de *Pampedia*:

> Nosso primeiro desejo é que todos os homens sejam educados plenamente, em sua plena humanidade, não apenas um indivíduo, não alguns poucos, nem mesmo muitos, mas todos os homens, reunidos e individualmente, jovens e velhos, ricos e pobres, de nascimento elevado e humilde, numa palavra, qualquer um cujo

destino é ter nascido ser humano, de forma que afinal toda a espécie humana seja educada, homens de todas as idades, todas as condições, de ambos os sexos e de todas as nações. Nosso segundo desejo é que todo homem seja educado integralmente, formado corretamente, não num objeto particular ou em alguns objetos ou mesmo em muitos, mas em tudo que aperfeiçoa a espécie humana; para que ele seja capaz de saber a verdade e não seja iludido pelo que é falso; para amar o bem e não ser seduzido pelo mal; para fazer o que deve ser feito e não permitir o que deve ser evitado; para falar sabiamente sobre tudo, com qualquer um, quando necessário, e não ser estúpido em nenhum assunto e finalmente para lidar com as coisas, com os homens e com Deus, em todos os sentidos, racionalmente não precipitadamente e assim nunca se afastando da meta da felicidade e educando em todos os aspectos, não para pompa e exibição, mas para a verdade; ou seja, para tornar os homens o mais possível a imagem de Deus, na qual foram criados: verdadeiramente racionais e sábios, verdadeiramente ativos e espirituais, verdadeiramente pios e santos e assim verdadeiramente felizes e abençoados tanto aqui como na eternidade.

Antonio Joaquim Severino
Uninove/Feusp
Maio de 2011

Apresentação

Para Yuri, Raori, Uirá e Maité

Jan Amos Comenius (1592-1670) escreveu *A escola da infância* em língua tcheca durante seu primeiro exílio em Leszno, na Polônia, a partir de 1628, exatamente com a perspectiva de utilizá-lo no Reino da Boêmia, seu país natal (atual República Tcheca).[1] Em sua primeira versão, este livro foi intitulado *Manual da escola materna*, compondo juntamente com a chamada *Didática tcheca* e um manual para o ensino do latim um amplo projeto de reforma e melhoria das escolas tchecas então acalentado por Comenius. Pastor da comunidade protestante dos Irmãos Morávios, expulsa de suas terras pela dominação católica dos habsburgos, ele nutria a esperança, em função dos desdobramentos da Guerra dos Trinta Anos, iniciada em 1618, de logo regressar para sua pátria. Mas os acontecimentos seguiriam outro rumo, Comenius permaneceria em Leszno até 1641 e seu exílio duraria até sua morte em Amsterdã, em 1670. Daí

---

1 As principais referências acerca da vida e obra de Comenius foram retiradas da cronologia preparada por Markéta Pánková (2009), diretora do Museu Pedagógico J. A. Comenius em Praga.

XV

em diante sua esperança seria expandida para todo o mundo, alimentada pela crença no iminente advento do milênio de paz e tranquilidade referido no Apocalipse e teorizada por uma teologia marcada pela tolerância religiosa e pela fraternidade entre os povos. A Organização das Nações Unidas e, mais recentemente, a União Europeia, tem reconhecido o papel de seu pensamento em prol da paz mundial e da harmonia entre as nações: desde 1992, a cada dois anos a Unesco distribui a Medalha Comenius para as personalidades que se destacaram no campo educacional (cf. Fritsch; Hauff; Korthaase, 2005). Em outubro de 1994, o brasileiro Paulo Freire foi um dos primeiros educadores agraciados com essa comenda.

A *Didática tcheca* seria publicada em Praga apenas no século XIX após seu manuscrito ter sido encontrado em 1841 em Leszno, enquanto o manual de latim se transformou na famosa *Porta aberta das línguas*. Esse manual seria vertido inicialmente para o alemão, em 1633, e no mesmo ano para o polonês, inglês e francês; nos anos seguintes, ainda teria dezenas de edições na maioria das línguas europeias, uma vez que ele também era utilizado para o ensino do vernáculo. Composto por pequenas orações exprimindo os objetos e as ações cotidianas em grau crescente de dificuldade, alinhavadas paralelamente em latim e na língua materna, esse livro viria causar uma verdadeira revolução no ensino de latim, então excessivamente pautado no estudo dos clássicos. Por meio da introdução de gravuras ilustrando os substantivos e as ações descritas pelas orações, o livro seria aperfeiçoado pelo próprio Comenius em 1658, ano em que foi pela primeira vez publicado como *Orbis sensualium pictus* [O mundo ilustrado] (Comenius, 1985), considerado o primeiro livro didático no qual se faz uso de figuras.

XVI

A escola da infância

O repentino sucesso de *Porta aberta das línguas* fez que Comenius adquirisse renome internacional como professor de latim, ampliando seus interesses na reforma do ensino para além da Europa Central. Dessa maneira, ele passou a publicar sua obra em latim, então a língua internacional por excelência, começando imediatamente a traduzir a *Didática tcheca*, que se transmutaria na célebre *Didática magna* (Comenius, 1996). Enquanto isso, com o título *Die Mutterschule* [A escola materna], ele publicaria em Leszno, também em 1633, uma versão por ele mesmo redigida em alemão (a língua preponderante entre os protestantes cultos do continente europeu) de seu manual para a escola materna. Obtendo um breve sucesso (há notícia de uma edição em polonês e outra em alemão no mesmo ano), o manual seria posteriormente traduzido por Comenius para o latim em 1653, durante a estada do "mestre das nações" na Hungria, com o nome de *A escola da infância*. Se considerarmos que a edição moderna de suas obras completas no original, editada em 1957 pelo governo da então Tchecoslováquia, *Opera omnia* [Obras completas], compõe-se de 27 volumes e, como alguns volumes têm várias partes, o conjunto completo atinge cerca de 60 volumes (Becková, 1984), esta é relativamente uma pequena obra, mas, comenianamente, podemos considerá-la a criança do que viria a se tornar sua grande contribuição para a teoria e a prática da educação.[2]

Parte integrante da edição de suas *Opera didactica omnia* [Obras didáticas completas], em quatro volumes, publicadas

---

2 O primeiro volume das *Opera omnia* saiu em 1969, tendo hoje cerca de vinte volumes publicados. *A escola da infância* faz parte da primeira parte do volume 15 (Comenius, 1986).

XVII

em latim em Amsterdã entre 1657 e 1658, *A escola da infância* faz parte do primeiro volume, correspondente exatamente à produção durante sua estada na Polônia, entre 1628 e 1641, como ele explica no prefácio desse volume (Capková, 2007). Nesse período, ele foi professor e depois reitor da escola secundária de Leszno, mantida pelos Irmãos Morávios, e suas obras são um reflexo direto de sua prática educacional, fortemente marcada por sua crítica às escolas do seu tempo. Recordando os tempos de colégio, Comenius assim descreveu como era feito o ingresso na "classe dos eruditos":

> Viemos a uma porta, denominada Disciplina; era comprida, estreita e sombria e vigiada por muitos guardas armados, a cujas perguntas havia de responder cada um que queria entrar na rua dos eruditos e aos quais havia de pedir a conduta. E vi como multidões de povos, principalmente jovens, ali vinham chegando e todos eram severamente examinados. Em primeiro lugar os seus examinadores queriam ver a qualidade da bolsa, do assento, da cabeça, do cérebro e da pele que o candidato trazia. Se a cabeça era de aço e nela um cérebro de mercúrio, se o assento era de chumbo, a pele de ferro e a bolsa cheia de ouro, louvavam-no e com gosto o conduziam adiante. (Comenius, 1917, p.59)

Admirado com esse procedimento, o peregrino da utópica narração de Comenius, traduzida no Brasil por Francisco Valdomiro Lorenz, pergunta a razão de se dar tanta importância àqueles cinco metais e lhe respondem:

> Quando a cabeça não é de aço, romper-se-á com os estudos; se nela não há um cérebro de mercúrio, não se poderá fazer dele

XVIII

A escola da infância

espelho; quem não tem uma pele de ferro não suportará os trabalhos de formação; quem não possui um assento de chumbo, não terá a paciência necessária de permanecer nos bancos escolares e quem não tem uma bolsa cheia de ouro, onde achará o tempo e os mestres, vivos e mortos? (Comenius, 1917, p.60)

Nesse simbolismo um tanto quanto alquímico, cumpre ressaltar o uso de sua metáfora predileta: a mente como imagem especular ativa da realidade (Kulesza, 2009). Para o "pai da pedagogia moderna", a mente é constituída de três instâncias *ingenio, iuditio, memoria* ou, em termos operacionais, pensar, raciocinar e recordar, como ele define em seu "Lexicon" (Comenius, 1966b, p.581). Nesse mesmo dicionário, Comenius define o pensar, *cogitatio*, a primeira atividade da mente, como a percepção dos objetos, a formação de suas imagens na mente, ideia presente até hoje no termo especular, do latim *speculum*, espelho. Através do desfilar das coisas em frente de seus olhos, o teatro do mundo, a criança toma conhecimento delas e fixa suas imagens na memória, de onde poderão ser simbolizadas através da fala. Inspirada na revelação divina, a alma humana como imagem viva de Deus, essa concepção epistemológica de Comenius está explicitada neste manual na importância que ele atribui à imitação como processo de aquisição de conhecimento por parte da criança. É observando os adultos que é inculcado na criança o exemplo da conduta a seguir, seja uma atividade, um comportamento, um costume, um hábito ou uma qualidade. Como nomear uma coisa é primordial na aquisição da fala, é por meio da língua da mãe ou da ama, e não do latim dos professores, que a criança começa a conhecer o nome das coisas e a articular sua linguagem, para assim compreender racionalmente o mundo em que vive.

XIX

É neste livro que Comenius introduz pela primeira vez sua célebre tríade *sapere, agere, loqui* (ver Capítulo IV, § 8), ou seja, a caracterização das ações humanas pelos verbos conhecer, fazer e falar, que ele transmutaria na *Pampaedia* [Educação universal] na tríade *ratio* [razão], *oratio* [linguagem], *operatio* [ação], ordem mais adequada ao adulto. A educação então consistiria numa busca incessante pelo estabelecimento da unidade entre essas três qualidades fundamentais do ser humano. Muito embora tais atividades se apresentem no recém-nascido de uma forma muito rudimentar, Comenius frisa o seu caráter progressivo e a necessidade de exercitar pedagogicamente essas ações desde os primeiros anos. Dessa sorte, como qualquer assunto humano é também assunto infantil, desde que seja tratado de acordo com a idade da criança, a Física, a Política ou a Economia, também fazem parte do currículo de sua escola da infância. Como diz Capková (1970, p.20), foi o conceito de educação permanente de Comenius e a consequente ênfase na educação infantil *que o colocou centenas de anos à frente dos que escreveram sobre educação em sua época.*

Embora sua atuação principal se desse na escola latina, terceiro estágio de seu plano de estudos para adolescentes dos 12 aos 18 anos, exposto no Capítulo XXVII de sua *Didática magna*, suas atividades como pastor e depois bispo dos Irmãos Morávios em Leszno fizeram com que ele se ocupasse também de outros graus de escolaridade, redigindo inclusive manuais didáticos para o estágio que ele chamou de escola da puerícia, dos 6 aos 12 anos. Nascido e criado no interior de uma comunidade evangélica, caracterizada pelo retorno à simplicidade do cristianismo primitivo e por uma moral austera, certamente Comenius também se ocupou com o cuidado das crianças de até 6 anos, idade para a qual preparou *A escola da infância*. Acostumados com as perseguições que remontam à sua organização no século XV, depois do martírio de João Hus, e que dificultavam de todas as maneiras o funcionamento de suas escolas, os Irmãos desenvolveram uma educação familiar, essencial para a sobrevivência de sua identidade como grupo. Analisando a história religiosa no século XVII, Certeau (2000, p.133) caracteriza bem esse momento:

> A suspeita que atinge os dogmas torna a rigidez e a defesa do grupo mais necessárias. Daí o novo significado da educação, instrumento de coesão numa campanha para manter ou restaurar a unidade. O saber se torna, para a sociedade religiosa, na sua catequese ou nas controvérsias, um meio de se definir.

Utilizando indistintamente a denominação de escola da infância ou de escola materna (nas *Obras didáticas completas* ele a intitula *A escola da infância*, mas na relação dos conteúdos do primeiro volume ele a designa *A escola do regaço materno* e, na *Pampaedia*, o título guarda as duas acepções: *A escola da infância, o regaço materno*), este livro contempla o que na época era considerada a idade, o tempo da infância, fazendo do cuidado com as crianças um ato educacional. Assim, a assistência à infância e a educação infantil surgem simultaneamente na modernidade e, como insiste Kuhlmann Junior (2007) para o caso brasileiro, não se pode dissociá-las ou colocá-las em oposição. E é por isso que Comenius situa a escola infantil de seu tempo no interior da família, no espaço do lar e sob a direção materna. Como escreveu Polisenský (1991, p.67), este livro "é um tributo à mulher como mãe".

Casando-se em 1618, no interior da comunidade dos Irmãos Morávios, Comenius teve dois filhos que perdeu, com a esposa, em 1622, devido às vicissitudes da guerra. Casando-se novamente em 1624, agora com a filha de um bispo da comunidade, certamente suas filhas, Dorothy, nascida em 1627, e Elisabeth, nascida em 1628, conviveram com ele durante a redação de seu manual. Considerando a importância atribuída à prática no pensamento de Comenius, podemos cogitar que a experiência advinda do cuidado com suas crianças o tenha inspirado na elaboração deste livro. Jean Piaget, que construiu as bases da epistemologia genética realizando verdadeiros experimentos científicos com os próprios filhos, reconheceu a "notável intuição" de Comenius, considerando-o *um precursor da ideia genética na psicologia do desenvolvimento e o fundador de um sistema progressivo de instrução ajustado ao estágio de desenvolvimento atingido pelo aluno* (Piaget, 1957, p.9-10). De qualquer forma, este livro constitui um notável documento histórico que retrata o cotidiano da criação de filhos nas nascentes famílias burguesas do século XVII e, nesse sentido, ilustra perfeitamente bem a tese de Philippe Ariès (1986) a respeito da emergência dos sentimentos de infância e de família na modernidade.

Todavia, a profusão de referências ao nosso senso comum não deve obscurecer o quadro teórico pelo qual Comenius estruturou seu manual. Aliás, é recorrente essa primeira impressão causada pelas obras do autor, que nos faz considerá-lo ora um empirista que tudo fundamenta nos sentidos e ora um idealista defensor das ideias inatas. A exegese de seu pensamento tem mostrado que só se escapa dessa dicotomia se acrescentarmos, como ingrediente fundamental para a interpretação da pedagogia de Comenius, sua concepção teológica do mundo. Embora esse "triadismo comeniano", como foi caracterizado por Gasparin (1997, p.88), com todas as suas conotações

A escola da infância

herméticas, se manifeste mais explicitamente em suas obras posteriores, especialmente nas religiosas, ele já perpassa suas primeiras obras didáticas. Para Capková (1989, p.79), há uma teoria da educação, baseada numa nova concepção de mundo e sociedade, por trás do sucesso de seus manuais pedagógicos, ainda que "seus contemporâneos e muitos usuários posteriores desses livros não tenham se dado conta disso".

E é por isso que em suas escolas, além das ciências em geral, tanto a moral como a religião (*eruditio*, *virtus* e *religio*) são componentes fundamentais do currículo, articulando-se organicamente entre si. Não é possível ser bom e piedoso se não se for sábio, mas também não se pode ser sábio se não se tiver fé, associação que fará Comenius se afastar da ciência moderna erigida sob o império exclusivo da razão. Por outro lado, numa época em que abundam os manuais de conduta ou civilidade, cada vez mais necessários na sociedade cortesã em formação, e na qual até "as práticas religiosas se curvam às formas sociais" (Certeau, 2000, p.163), o autor não descura das práticas de devoção como componente intrínseca da *formatio hominis*. Assim, por exemplo, ele não concordaria de maneira nenhuma com o extenso manual publicado em 1685, no Brasil, pelo jesuíta português Alexandre de Gusmão (2004, p.217), o qual inicia o capítulo intitulado "De quanta importância é criar os meninos em piedade e devoção" dizendo não ser sua "intenção persuadir aos pais a obrigação que têm de criar os filhos em piedade e temor de Deus", já que para Comenius esse é justamente um dos objetivos da educação.

A escola da infância, conquanto não tenha acompanhado a vasta difusão dos manuais de Comenius para o ensino de línguas, saiu do mesmo molde e também reflete essa nova teorização. Ao reconhecer que o modo pelo qual as crianças

XXIII

são criadas desde pequenininhas afeta a formação de atitudes e comportamentos, ao diferenciar as maneiras de instruí-las de acordo com suas capacidades, ao propor uma subsequente adaptação dos métodos à maturação física e mental, o manual de Comenius reflete uma concepção mais ampla de educação que a dos humanistas, cujas ideias consistiram basicamente em tornar mais agradável o ensino do latim para a aprendizagem dos clássicos. Nesta obra já se vislumbra sua concepção de educação como um processo universal de formação, que a própria vida é uma escola e que, portanto, é necessária uma *Consulta universal para a reforma das coisas humanas* (1966a), título de sua obra mais madura e abrangente.

Estabelecendo como fundamento de sua teoria educacional que a finalidade última da educação é a preparação para uma vida abençoada após a morte, isto é, nossa realização plena como imagens de Deus, para Comenius a educação deve começar na concepção e continuar por toda a vida. Por isso, *A escola da infância* está organicamente integrada à sua teoria educacional como se depreende da importância que Comenius irá atribuir na *Didática magna* e em seus escritos posteriores à educação nos primeiros anos de vida e mesmo antes do nascimento, como ele já antecipava em seu manual. Na *Pampaedia*, a parte da *Consulta universal* que trata da educação, Comenius estabelece uma classificação do nascimento à morte, constituída por oito escolas e, antes da escola materna, ele concebe uma espécie de escola pré-natal, constituída de três classes:

Na primeira dessas classes, ter-se-á cuidado com a futura prole à distância, preparando-se para contrair matrimônio com prudência, com honestidade e com piedade; a segunda classe começa com

A escola da infância

a realização do matrimônio e quando a esperança da prole está já mais próxima e a terceira classe ocupa-se da prole já concebida, até o nascimento. (Comenius, 1971, p.190)

Por outro lado, no último capítulo de *A escola da infância*, Comenius já demonstra sua preocupação com a escola coletiva, mostrando como a família tem que preparar as crianças antes de mandá-las para a escola pública. Essa antecipação do que viria a ser chamado posteriormente "jardim de infância" será desenvolvida por ele na *Pampaedia* pelo estabelecimento de uma "classe coletiva" ao final da escola materna:

> É, em certo sentido, uma escola semipública, onde as crianças se habituam a conviver, a brincar, a cantar, a contar, a cultivar os bons costumes e a piedade, e a exercitar os sentidos e a memória (antes de começarem a aprender a ler e a escrever), sob a direção de senhoras honestas, em casa das quais se juntam as criancinhas das redondezas (entre os 4 e 6 anos, mais ou menos), a expensas daqueles que querem que seus filhos sejam formados suavemente e preparados para a escola pública. (Comenius, 1971, p.223)

Retomando da Antiguidade Clássica a metáfora que compara a criança a uma planta, Comenius lhe dá um significado mais profundo ao considerar que é a mesma natureza que opera em ambas e que, portanto, pode-se identificar semelhanças reais em seu desenvolvimento. O conhecimento da natureza pode e deve ser utilizado para o conhecimento do homem e, na verdade, é o primeiro conhecimento sobre o qual se erigirá a consciência humana. É esse conhecimento das coisas através dos sentidos, com destaque para a visão, *intueri*, que será retomado por Pestalozzi, dando origem, a partir da segunda metade do século XIX, às célebres "lições de coisas", admiravelmente recuperadas recentemente entre nós pela peça radiofônica *Muitas coisas, poucas palavras* de Francisco Marques (2009). Todavia, ao identificarmos o naturalismo de Comenius não podemos tomá-lo como determinante da educação, pois ele constitui apenas a primeira fase de um processo que, em última instância, só termina com a plena realização da humanidade do educando. Por isso, vale lembrar aqui a advertência de Suchodolski (1970, p.45):

> Aqueles que são naturalistas neste sentido acreditam que a educação tem que se curvar de uma maneira passiva ao suposto desenvolvimento natural da criança, limitando o papel do educador a uma mera supervisão desse processo automático. Comenius não compartilharia de maneira nenhuma dessa atitude. Pelo contrário, ele enfatizou que o homem só se torna homem através de um processo ativo de educação. O homem é uma criatura que pode se tornar diferente do que tem sido, porque aprende e age.

Para concluir esta apresentação, nada melhor do que dar a palavra ao próprio Comenius, reproduzindo uma das tarefas necessárias proposta por ele na *Didática magna* para um adequado funcionamento da escola materna:

> compilar um livro de conselhos para os pais e as amas, para que não ignorem os seus deveres. Neste livro, devem expor-se, uma por uma, todas as coisas em que é necessário formar a infância, e dizer de que ocasiões deve aproveitar-se para agir, e quais as maneiras e as regras que devem observar-se na fala e no gesto para incutir nas crianças as primeiras noções elementares. (Comenius, 1996, p. 422)

XXVI

A escola da infância

Sobre a tradução

A presente tradução baseia-se na edição crítica de *A escola da infância*, em latim, que integra as *Opera omnia*, editadas pela Academia Tcheca de Ciências (Comenius, 1986).[3] Considerando o atual estado dos estudos comeniológicos, esta é a primeira tradução feita para uma língua românica moderna, se excetuarmos a quase despercebida versão para o romeno publicada em Bucareste, em 1937, citada no levantamento bibliográfico feito por Urbánkóva (1959, p.216) nas bibliotecas, arquivos e museus da antiga Tchecoslováquia.

Procurou-se preservar a formatação da edição crítica, tal como a numeração de capítulos e parágrafos e o uso de trechos em itálico. Naturalmente, não foi possível manter a pontuação e a delimitação originais das orações e períodos, não somente devido às diferenças sintáticas entre as línguas, mas também pelo fato de a edição crítica, ao procurar ser fiel à edição de 1657, apresentar ainda uma pontuação mais apropriada para a leitura em voz alta. Segundo Maria Carlota Rosa (apud

---

3 Tal edição crítica foi organizada a partir de três versões principais. A primeira, de 1632, é considerada a versão original, escrita em língua tcheca, que só fora publicada em 1858, em Praga, a partir do manuscrito de Comenius. As outras duas, já referidas no início desta "Apresentação", são: a edição publicada em 1632, na Polônia, em alemão; e a edição latina publicada em Amsterdam, em 1657, como parte das *Opera didactica omnia* de Comenius. Essas três versões do seu manual são bastante próximas, diferindo apenas em detalhes que procuram dar conta de diferenças no cuidado com as crianças nas diversas culturas, sendo que todas estiveram sob o cuidado direto do próprio autor.

XXVII

Ramos; Venâncio, 2004, p.xxviii), "uma diferença básica entre a pontuação em textos latinos e em português atual consiste, nos primeiros, na escolha por marcar a continuidade e, nos últimos, na escolha por marcar a descontinuidade", uma vez que os textos atuais, como a presente tradução, são escritos para serem lidos silenciosamente.

Crítico do ensino do latim tal como era realizado em seu tempo e inovador no ensino de línguas em geral, Comenius, no entanto, ainda permanecia profundamente marcado pelo *trivium*, currículo dominante nos colégios da época, escrevendo no latim neoclássico próprio do Renascimento. Como observou Burke (1993, p.70), a *Janua linguarum* [O portal da linguagem], ironicamente, "era uma crítica do latim em latim". A maioria dos críticos contemporâneos de Comenius se limitou a condenar o uso que ele fazia de palavras novas, isto é, o uso de vocábulos do latim vulgar – recheado de termos utilizados pelos vernáculos europeus para nomear as novidades modernas e considerados "barbarismos" –, necessidade inexorável para quem defendia que o ensino das coisas precedia o aprendizado das palavras. Por outro lado, alguns autores classificam seu estilo como "bíblico" (Rood, 1970, p.61), o que não é de se estranhar devido à sua formação pastoral e, no caso de *A escola da infância*, apesar do rigor formal da linguagem, não é difícil identificar nuances de homilia em suas prescrições muitas vezes apoiadas em citações bíblicas. Como grande teólogo e linguista, Comenius cita com certa liberdade trechos das várias versões da Bíblia então em circulação, nem sempre, como era comum naquela época, se atendo literalmente à passagem citada, tendo em vista exprimir o significado desejado. Por causa disso, apesar do uso da *Bíblia de Jerusalém* (2002) para a

XXVIII

A escola da infância

tradução dos inúmeros textos bíblicos presentes no original, recomendada por razões acadêmicas, procurou-se imprimir um tom coloquial à tradução, fazendo-se as adaptações necessárias para traduzir o significado do texto para a linguagem brasileira corrente.

Do ponto de vista lexical, foi fundamental a consulta ao precioso *Lexicon reale pansophicum*, compilado por Comenius e publicado com a *Consultatio* [Consulta] (1966), para esclarecer o significado dos "barbarismos" introduzidos pelo autor, que não se restringiram aos novos substantivos, mas também à junção de preposições aos verbos, com a finalidade de exprimir ações desconhecidas dos antigos colocadas pelas exigências da nova vida burguesa. Procurou-se também ser fiel às categorias escolásticas por ele utilizadas, para se evitar anacronismos. Assim, por exemplo, se evitou o uso da palavra comportamento – no máximo se utilizou a palavra conduta, próxima etimologicamente ao verbo latino *comportare* – para caracterizar o que se designava na época como *mos, moris*, isto é, os modos, as maneiras, os costumes das pessoas. Por outro lado, foram adaptadas para nossa realidade várias situações que fazem referência à cultura própria da Europa Central daquele tempo, sempre com a preocupação, como em todas as atualizações feitas, de não desfigurar sua historicidade. Assim, por exemplo, o extenso uso que Comenius faz das "metáforas agrícolas", conforme Cagnolati (2005, p.455), foi adaptado para nossos cultivares mais comuns levando-se em conta, porém, o estágio de desenvolvimento da agricultura em seu tempo.

Por sua vez, a diferença de sintaxe entre o latim e o português, principalmente no que se refere aos tempos, modos e vozes dos verbos, forneceu a flexibilidade necessária para que pudéssemos exprimir as ideias originais em português. Para controlar as possíveis arbitrariedades assim introduzidas, recorreu-se ao significado das expressões teóricas do autor tais como se apresentam em seu pensamento pedagógico e que têm sido destacadas na literatura referente à Filosofia e à História da Educação no século XVII. Particularmente útil foi a consulta aos comentários a respeito de *A escola da infância* existentes na vasta bibliografia comeniana. Dessa forma, o critério semântico prevaleceu sobre o morfológico e o sintático em busca de traduzir Comenius sem trair seu pensamento.

Tivemos ainda em mãos duas versões contemporâneas do manual de Comenius para cotejar com nossa tradução. Infelizmente, a versão inglesa de Eller publicada originalmente em 1956, com base na versão de Bentham feita em 1858, está muito mutilada como ele mesmo reconhece: "foram omitidos inúmeros exemplos tediosos, irrelevantes ou não científicos" (Eller, 1984, p.19). De qualquer modo, o cotejo entre as duas versões foi importante para aquilatar as deformações no texto devidas às modernizações introduzidas por Eller tentando "atualizar" a pedagogia de Comenius. Mais proveitosa foi a leitura da edição polonesa (Comenius, 1964), realizada por Remerowa, cuja versão foi calcada na tradução do latim da *Schola infantiae* [Escola da infância] constante da reedição fac-similar das *Opera didactica omnia* publicada em Praga, em 1957, uma vez que a variante polonesa preparada pelo próprio Comenius e publicada em Torun em 1636 desapareceu. Dada a semelhança entre a língua tcheca e a polonesa e o fato de esta última ser a língua materna do tradutor, é desnecessário citar o valor – e o prazer – da experiência de comparar as duas traduções.

XXX

A escola da infância

Agradecimentos

Trazer à luz novamente uma obra publicada há quase 400 anos é uma tarefa que exige o concurso de muita gente. Foram tantas as pessoas, tão diversos seus apoios em inúmeros lugares, tanto no Brasil como no exterior, e em tão diferentes tempos, que seria impossível nomear todos que contribuíram para esta edição. Todavia, não poderia aqui deixar de distinguir o trabalho, nem sempre suficientemente valorizado, de bibliotecários, museólogos, pesquisadores, professores, arquivistas, colecionadores, livreiros, editores, tradutores, revisores e todos aqueles envolvidos com a guarda, a leitura, o estudo, a reprodução e a circulação de obras raras, sem a ajuda dos quais tarefas como essa se tornariam praticamente inviáveis. Gostaria de destacar a contribuição da soteropolitana tcheca Bohumila Araujo, que primeiro me disponibilizou a edição crítica na qual foi baseada a presente tradução, do pesquisador Jiri Benes, um dos editores das obras completas de Comenius e que, em Praga, colocou-me a par da vasta bibliografia comeniana, e do professor Antonio Joaquim Severino, constante incentivador da realização deste trabalho toda vez que nos encontrávamos nas lides acadêmicas.

Wojciech Andrzej Kulesza
Maio de 2011

Capítulo I
Os filhos, preciosa dádiva divina e incomparável tesouro, reclamam nossa maior atenção

1. As crianças são um inestimável tesouro divino, como é testemunhado por Davi quando afirma no Salmo 127: *Os filhos são a herança de Iahweh, é um salário o fruto do ventre! Como flechas na mão do guerreiro são os filhos da juventude. Feliz o homem que encheu sua aljava com elas: não ficará envergonhado diante das portas, ao litigar com seus inimigos.* Não aponta Deus uma previsão de felicidade para aqueles que têm muitos filhos?

2. Isso é ainda mais claro quando Deus, para exprimir seu amor por nós, nos chama de *filhos*, não encontrando designação melhor.

3. Daí a sua condenação veemente aos que oferecem seus filhos em sacrifício ao deus Moloc (Levítico 20, 2; Jeremias 32, 35). É também digno de nota que, mesmo quando idólatras assassinam seus próprios filhos, Deus diz: *Sim, porque elas cometeram adultério e as suas mãos estão manchadas de sangue: adulteraram com os seus ídolos imundos. Mais ainda: quanto aos seus filhos que elas me deram à luz, fizeram-nos passar pelo fogo para devorá-los* (Ezequiel 23, 37), deixando claro que eles foram gerados por Ele e que, portanto, mereciam toda a sua reverência.

4. Também, segundo Malaquias, os filhos são sementes de Deus (Malaquias 2, 15), através dos quais se manifesta a geração divina (Atos 17, 29).

5. A encarnação de Deus em seu Filho, pela via de uma pequena criança, é reveladora de uma concepção de infância feliz e prazerosa. Tomando as crianças em seus braços como irmãozinhos e irmãzinhas, ele acolhe os pequeninos, afaga e beija, abençoando-os (Marcos 10, 16).

6. Além disso, Deus adverte severamente quem pensar em lhes fazer o menor mal, ordenando que se respeitem as crianças como a si mesmo (Mateus, 18, 5-6).

7. Se procurarmos saber por que Deus considera tão maravilhosamente as crianças para fazer todas essas recomendações, encontraremos várias causas. Antes de tudo, pelo fato de não darmos tanta importância às crianças, porque elas são consideradas hoje apenas como o são no presente e não como elas poderiam e deveriam ser segundo seus desígnios. É preciso vê-las não apenas como futuros habitantes do mundo, mas como *as possuidoras da Terra e representantes de Deus entre todas as criaturas e também companheiras em Cristo conosco, sacerdotes reais, gente escolhida, amigas dos anjos, juízes dos demônios, deleite dos céus, terror do inferno, herdeiras da eternidade.* Que coisas ainda mais admiráveis se poderiam cogitar!

8. Certa vez, Felipe Melanchton, de venerável memória, adentrou na classe de uma escola popular, que estava visitando, dizendo para os estudantes: *Salve, respeitáveis padres, doutores, licenciados, bispos! Salve, nobilíssimos, prudentíssimos, celebérrimos, sapientíssimos senhores cônsules, ministros, juízes, governadores, chanceleres, secretários, magistrados, professores etc.* Quando percebeu que alguns dos presentes que o acompanhavam sorriam, ele disse: *Não estou*

brincando, estou falando muito sério. Eu não olho para essas crianças tais como elas são agora, mas sim para a finalidade com que a nós foi confiada a sua instrução e, certamente, dessa classe irão aparecer futuros líderes do mesmo modo que o trigo se destaca do joio. Porque não haveríamos de ter a mesma confiança no futuro glorioso dos filhos dos cristãos? Afinal, Cristo, divulgador de seus eternos segredos, afirmou que *delas é o reino de Deus* (Marcos 10, 14).

9. Mesmo olhando para as crianças da atualidade, facilmente percebemos porque elas têm um valor inestimável para Deus e que o mesmo deveria suceder com seus pais. *Primeiro*, porque as crianças são imagens não contaminadas de Deus, são inocentes (Jonas 4, 11). Exceto pelo pecado original, não estão maculadas por nada, são incapazes de distinguir entre o bem e o mal, entre a direita e a esquerda, como corroboram os testemunhos de Jonas e outros.

10. *Em segundo lugar*, porque as crianças são os bens mais puros e queridos possuídos por Cristo, que veio a todos salvar, exceto àqueles obnubilados por sua própria incredulidade e impenitência. Como as crianças ainda não estão separadas de Cristo, mantêm plenamente seu direito à salvação e delas é o reino dos céus. Não havendo sido conspurcadas pelas tentações do pecado, elas seguem o Cordeiro aonde ele vá (Apocalipse 14, 4) e assim continuarão desde que conduzidas pela sagrada educação.

11. *Finalmente*, Deus ama tão efusivamente as crianças que as torna instrumentos peculiares da glória divina, como atestam as escrituras: *Pela boca das crianças e bebês, tu o firmaste, qual fortaleza, contra os teus adversários, para reprimir o inimigo e o vingador* (Salmos 8, 3). Nós não percebemos muito bem o modo pelo qual as crianças fazem aumentar sua glória, no entanto Deus, que tudo analisa profundamente, sabe e compreende.

12. Para entender por que os filhos devem ser queridos pelos pais mais do que o ouro e a prata, que pérolas e joias, basta compararmos essas dádivas. *Primeiro*, o ouro, a prata e outras coisas do gênero são inanimadas, como a terra sob nossos pés, apenas um pouco mais puras e lapidadas, enquanto as crianças são *imagens vivas de Deus vivo*.

13. *Segundo*, ouro e prata são coisas que repousam em terra alheia, retiradas com uma simples ordem divina, enquanto a criança é uma criação peculiar da Santíssima Trindade, formada continuamente pela intervenção de Deus.

14. *Terceiro*, ouro e prata são coisas mutáveis e efêmeras, crianças são heranças imortais. Ainda que elas possam morrer, não retornam ao nada e nem desaparecem, elas passam da morada mortal para o reino imortal. Por isso Deus restituiu a Jó em dobro todas as posses e riquezas que havia tomado dele, mas deu-lhe apenas o número de crianças que ele tinha inicialmente (a saber, sete filhos e três filhas), ou seja, exatamente o dobro, porque as primeiras dez crianças não desapareceram, antes foram chamadas para sua companhia.

15. *Quarto*, ouro e prata vêm do solo enquanto as crianças saem de nosso próprio ser. Provindo de nossa própria substância, não há razão para que as amemos menos que a nós mesmos. Por isso Deus dotou todos os seres animados de um amor tão grande por sua prole, que eles chegam a colocar em risco a própria integridade e segurança para cuidar de seus filhotes. E quem transferir esse afeto para o ouro ou a prata será por Deus julgado e condenado por idolatria.

16. *Quinto*, o ouro e a prata passam de mão em mão, como se não pertencessem a ninguém e de todos fossem, já as crianças, por vontade divina, estão tão entrelaçadas aos bens da família

A escola da infância

que não há ninguém no mundo que possa lhes tirar esse patrimônio, nem privá-los dessa posse. *É um direito divino que não pode ser transferido.*

17. *Sexto*, ainda que o ouro e a prata sejam dádivas de Deus, não são aquelas dádivas que Ele prometeu que os anjos do céu guardariam; outrossim, Satanás costuma se imiscuir entre eles e usá-los como rede ou armadilha para apanhar os incautos e arrastá-los para a ganância, a presunção e o desperdício. Aos anjos sempre foi designado o cuidado com as crianças, como testemunha o próprio Senhor (Mateus 18, 10). Dessa forma, qualquer um que tenha crianças em casa pode estar certo da presença de anjos ali e ninguém duvide que quem toma uma criança nos braços recebe também um anjo. Quem repousa na escuridão da noite junto de uma criança pode ficar tranquilo porque estará protegido do espírito das trevas. E quanta tranquilidade!

18. *Sétimo*, bens como o ouro e a prata não levam ao amor de Deus e nem nos protegem de sua ira, como fazem as crianças. Deus ama tanto as crianças que, às vezes, por causa delas perdoa a seus pais, como no caso da cidade de Nínive: como havia muitas crianças, ele poupou seus habitantes, para que não se interrompesse sua provisão (Jonas 4, 11).

19. *Oitavo*, conforme afirma o Senhor, *a vida do homem não é assegurada por seus bens* (Lucas 12, 15), *pois nenhuma comida satisfaz, nenhum unguento cura, nenhum casaco aquece, se não tiverem a bênção de Deus* (Deuteronômio 8, 3; Sabedoria 16, 12 e 26). Já as crianças e suas famílias são sempre acompanhadas de bênçãos para sua proteção. Se Deus atende ao pedido dos corvos, fornecendo alimento em abundância aos seus filhotes, porque Ele não haveria de cuidar das crianças, sua própria imagem? Do mesmo

modo pondera Lutero: *Nós não nutrimos nossas crianças, mas elas a nós, pois em consideração a esses inocentes, Deus lhes dá o necessário, e nós, velhos pecadores, compartilhamos a mesa com elas.*

20. *Por último*, o ouro, a prata e as joias certamente não nos instruem mais que as outras coisas sobre a sabedoria, o poder e a bondade divinas. Já as crianças são como espelhos que nos refletem humildade, cortesia, bondade, harmonia e outras virtudes cristãs. O próprio Senhor disse: *Em verdade vos digo que, se não vos converterdes e não vos tornardes como as crianças, de modo algum entrareis no Reino dos Céus* (Mateus 18, 3). Uma vez que Deus quer que sejamos os preceptores da infância, cabe a nós proceder com o devido cuidado.

Capítulo II
Com que finalidade Deus nos dá filhos e com que objetivo devemos conduzir a sua educação

1. Se alguém se perguntar por que a divina majestade não criou de uma vez por todas essas joias celestes, em número suficiente para toda a eternidade, como fez com os anjos, só pode chegar à conclusão de que ele nos considera tanto que nos fez seus associados na multiplicação de criaturas. Não tanto para termos prazer com isso, mas para que nos esforcemos diligentemente para a devida educação dos filhos com o objetivo de conduzi-los à eternidade.

2. O homem acostuma o boi a arar, o cão a caçar, o cavalo a correr e transportar, porque eles foram criados para isso e não se lhes pode dar outra utilidade. Como o homem é superior a todas essas criaturas, precisa ser conduzido para objetivos maiores, de modo que ele possa se aproximar das virtudes de Deus, a cuja imagem foi criado. Como seu corpo foi extraído da terra, permanece terreno, combina-se com a terra e a ela deve retornar, mas sua alma, inspirada por Deus, de Deus é, fica com Deus e deve se elevar a Deus.

3. Os pais não cumprem completamente sua obrigação se apenas ensinarem sua prole a comer, beber, andar, falar e ves-

tir sua roupa. Isso serve simplesmente ao corpo, que não é o homem, apenas sua morada. O hóspede que a habita (a alma racional) reclama maior cuidado que o invólucro externo. Por isso mesmo, Plutarco condena aqueles pais que almejam para seus filhos boa aparência, fama e riqueza, encaminhando-os nessa direção sem se preocupar nem um pouco em prover a alma de virtude e devoção, *dando mais valor ao sapato que ao pé*. O filósofo Crates de Tebas, seu compatriota, queixa-se bastante do procedimento desses pais, conforme canta o poeta: *se me deixassem clamar em altos brados, gostaria de apontar a todos a abominável loucura, daqueles que incentivam demasiado essa funesta brincadeira, riquezas acumular para os filhos! Sem nenhuma verdade nutrirem em seu peito e nem fomentar qualquer habilidade.*

4. Portanto, carece primeiro cuidar da alma, a parte mais importante do homem, para que ela se torne lindamente ornamentada. Depois cuidar do corpo, para que ele se torne a habitação apropriada e digna de uma alma imortal. Dessa maneira, a mente estará devidamente preparada para perceber a luz da sabedoria divina, e quem reconhece em si mesmo a imagem divina, a guarda e a estima.

5. A verdadeira sabedoria celeste (a qual o homem deve almejar e ensinar) consiste em duas partes. *Primeiro*, um claro e verdadeiro conhecimento de Deus e de suas maravilhosas obras; *depois*, saber proceder sábia e prudentemente nas ações internas e externas, tanto no que concerne a esta vida como à futura.

6. Primeiramente para a vida futura, pois esta é a vida propriamente dita, da qual foi extirpada a morte e a mortalidade, já que a vida presente não é tanto vida, mas caminho para a futura. Por isso, quem se prepara com fé e devoção para a vida eterna, cumpre com seu dever nesta vida.

A escola da infância

7. Todavia, se Deus dá longa vida a muitos, ao mesmo tempo lhes prescreve várias obrigações e coloca-os em situações que demandam prudência. Consequentemente, os pais devem sempre se esforçar para que seus filhos sejam exercitados com qualidade não só na fé e na devoção, mas também na cultura moral, nas artes liberais e em outras coisas necessárias. Dessa forma, quando se tornarem adultos poderão sabiamente tratar de seus afazeres na vida, sejam religiosos, sejam políticos, para os quais quis Deus que eles fossem destinados, e assim, tendo passado tão nobre e dignamente pela vida, ir com alegria para os céus.

8. Enfim, é preciso perseguir três objetivos na educação da juventude: 1) *Fé e devoção*; 2) *Bons costumes*; 3) *Conhecimento das línguas e artes*. E isso na ordem aqui proposta e não o inverso. *Primeiro*, deve-se exercitá-los na fé, *depois*, na moral e nos costumes e *por fim*, nas coisas práticas. E quanto mais cedo puderem ter proficiência nestas últimas, tanto melhor.

9. A casa em que os jovens são educados com base nessas três orientações é como um paraíso, no qual as plantas celestes são regadas, crescem, verdejam e florescem; uma oficina do Espírito Santo onde se fabricam e burilam os recipientes de misericórdia e utensílios de glória, em cada um dos quais, como imagem viva de Deus, brilha todo o fulgor de sua eterna e infinita potência, sabedoria e bondade. Bem-aventurados os pais desse paraíso!

Capítulo III
É imprescindível que a juventude tenha uma correta educação

1. Ninguém pense que a juventude possa ser formada voluntariamente e sem esforços. Pois uma pequena muda não se transforma em árvore se não for plantada, regada, cuidada, protegida e escorada; a madeira precisa ser cortada, aplainada, entalhada, polida e pintada de diversas cores para ser usada; o cavalo, o boi, o burro e a mula precisam ser adestrados para serem úteis ao homem. O próprio homem precisa ser preparado para os diversos movimentos do corpo que o habilitam a comer, beber, correr, falar, pegar com as mãos e trabalhar. Como então alguém poderia espontaneamente ficar perito nessas coisas superiores e distantes dos sentidos que são a fé, a virtude, a sabedoria e a ciência? Isso é obviamente impossível, como mostramos no Capítulo 6 da *Didática*.[1]

2. Por isso Deus deu essa tarefa aos pais, para que diligentemente cuidem das crianças e instilem em sua tenra mente todas as coisas relativas ao conhecimento e veneração de Deus,

---

[1] Referência à *Didática magna*, Capítulo 6, "O homem tem necessidade de ser formado para que se torne homem". (N. T.)

cada genitor conversando sobre isso com elas, *sentado em tua casa e andando em teu caminho, deitado e de pé* (Deuteronômio 6, 7).

3. Salomão e Jesus Ben Sirac, em todos os seus livros, também salientam que não é fácil instruir a juventude na sabedoria sem disciplina. Davi entendeu muito bem essa necessidade e, quando se tornou rei, não se envergonhou de contratar professores para sua prole. *Filhos,* disse, *vinde escutar-me, vou ensinar-vos o temor de Iahweh* (Salmos 34, 12). E o apóstolo Paulo lembra corretamente os pais sobre seus filhos: *educai-os com correções e advertências que se inspiram no Senhor* (Efésios 6, 4).

4. Porém, frequentemente, os pais estão pouco preparados para a educação de seus filhos, ou não têm tempo, porque estão muito ocupados com seus afazeres, ou até mesmo não dão à educação a devida importância. Por isso, desde a Antiguidade, instituiu-se em todos os países o costume razoável de confiar a educação da juventude às pessoas sábias, boas e honestas, com o direito à reprimenda.

5. São os chamados *pedagogos, professores, educadores e doutores* e os lugares destinados ao seu exercício são os *colégios, ginásios, escolas* (isto é, lugares de lazer ou prazer literário). Essas denominações nos lembram que é da natureza da ação docente e discente, a doçura e a alegria, o puro divertimento e deleite para a alma.

6. Todavia, essa candura praticamente desapareceu com o decorrer do tempo e, em vez de prazer e lazer, as escolas passaram a significar prisão e tortura para a juventude, especialmente quando as crianças estão entregues a pessoas incompetentes, minimamente instruídas na sabedoria e bondade divinas, inutilizadas pela preguiça, sórdidas, dando mau exemplo e que, passando-se por professores e preceptores, vendem-se por

A escola da infância

dinheiro. Em vez de fé, bondade e bons costumes, eles incutem na juventude a superstição, a crueldade e a má conduta. Ignorando o verdadeiro e genuíno método, querem conduzir os jovens à força, martirizando-os. Lembram o notório ditado popular: *Olhem para ele, parece que ainda sente a marca dos açoites nas costas*. E também: *Ele foi muitas vezes conduzido pelo chicote*. Estes não conheceram outro modo de instruir senão o da severa palmatória e da vergastada cruel.

7. Ainda que nossos antecessores, com a reforma eclesiástica, tenham aliviado um pouco esse estado de coisas, Deus reservou à nossa geração, para sua glória e nossa tranquilidade, a tarefa de melhorar nossas escolas para que a instrução se torne mais fácil, proveitosa e sólida, conforme nossa *Didática*, Capítulo 12.[2]

8. A seguir, com a bênção de Deus, prosseguiremos descrevendo a forma ou o conceito de educação que deve ser aplicado na escola da infância durante os primeiros seis anos de vida.

---

2 Referência à *Didática magna*, Capítulo 12, "As escolas podem ser reformadas". (N. T.)

Capítulo IV
Em que coisas devemos exercitar gradualmente a juventude desde seu nascimento para que ela esteja habilitada nessas coisas aos 6 anos de vida

1. Quem não sabe que a disposição atual dos galhos das velhas árvores foi formada a partir dos primeiros brotos, como acontece com as videiras, porque não a poderiam obter de outra forma? Do mesmo modo, se os animais não começassem a se apoiar em seus membros desde o início de seu desenvolvimento, alguém esperaria que algum dia eles pudessem ficar de pé? E se alguém nasce manco, cego, deficiente ou mutilado, quem o curará? Portanto, o homem deve ser formado desde os primeiros momentos do desenvolvimento de seu corpo e de sua alma, para que essa formação permaneça durante toda a sua vida.

2. Ainda que seja fácil para Deus mudar o perverso crônico ainda em germe e torná-lo bom, raramente a natureza altera algo que já começou a tomar determinada forma desde o início: o processo continua até a formação se completar. Os frutos colhidos na velhice, são determinados pelas sementes plantadas na juventude, como diz o ditado: *os estudos na juventude são os prazeres da maturidade.*

3. Por isso os pais repartem a educação de seus filhos com os professores da escola e os ministros da Igreja, pois não é

possível endireitar a árvore que cresceu torta ou erguer um pomar plantando no meio do mato. Mas eles devem saber por si mesmos como proceder com seus tesouros, de modo que, por suas próprias mãos, cresçam na sabedoria e na graça de Deus e dos homens.

4. Visto que todos deveriam ser úteis a Deus e aos homens e que para isso é preciso dotá-los de piedade, bons costumes e instrução, dizemos que os pais devem lançar os alicerces dessas três coisas desde os primeiros anos de vida. Até que ponto deve se estender a instrução nesses primeiros seis anos será explicado adiante em detalhes.

5. *A verdadeira e salutar* Piedade *consiste nestas três partes:*

a) *Nosso coração deve reverenciar a Deus sempre e em todo lugar, buscando-o em cada um de seus atos.*

b) *Uma vez no caminho da divina providência, nosso coração deve acompanhar a Deus, sempre e em todo lugar, com respeito, amor e obediência.*

c) *Assim, se nosso coração, sempre e em todo lugar lembrar-se de Deus, dirigir-se a Deus, juntar-se a Deus, desfrutaremos de paz, alegria e conforto.*

6. Esta é a verdadeira piedade que nos traz para o paraíso da divina alegria e cujos fundamentos podem ser inculcados nas crianças até os 6 anos, sendo suficiente que saibam (1) que Deus existe, (2) que em todo lugar ele nos observa, (3) para quem o obedece, ele fornece comida, bebida, roupas e tudo o mais que for necessário, (4) leva à morte o desobediente e o arrogante, (5) por isso é preciso temê-lo, chamá-lo sempre e amá-lo como ao pai, (6) fazer tudo que ele mandar, (7) que se formos bons e honestos ele nos elevará aos céus etc. Digo

A escola da infância

que é possível conduzir a tanto as crianças no exercício da piedade durante os primeiros seis anos de vida.

7. *Para aprimorar os* Bons Costumes *e as virtudes, deve ser inculcado nos pequenos:*

a) *Moderação*, de modo que bebam e comam conforme sua natural necessidade, sem voracidade e sem se servir demasiado de comida e bebida.

b) *Asseio*, para que observem o decoro à mesa, no vestir e no cuidado com o corpo.

c) *Respeito aos superiores*, respeitando seus atos, suas palavras e seus desígnios.

d) *Cortesia*, estando sempre prontos para atender imediatamente aos sinais e aos chamados dos superiores.

e) Especialmente necessário é *acostumá-los a falar a verdade*, de modo que suas palavras estejam sempre de acordo com a doutrina de Cristo: *É, o que é; o que não é, não é*. E que não se habituem, por qualquer razão, a mentir ou inventar algo, nem seriamente, nem de brincadeira.

f) É preciso também incutir-lhes *justiça*, para que assim não mexam, não movam, não furtem e não escondam o que pertença aos outros e para que não façam mal a ninguém.

g) Deve-se também neles instilar *bondade e disposição para favorecer os outros*, para que sejam amáveis e não mesquinhos ou invejosos.

h) Será muito útil *iniciá-los no trabalho*, para que criem aversão à indolência.

i) Eles devem ser ensinados não só a falar, mas a *ficar em silêncio quando necessário*, como na hora da prece ou quando outros estão falando.

j) Eles devem ser exercitados na *paciência*, para que não julguem que tudo acontece para eles a um simples aceno e para que aprendam a conter seus desejos desde a primeira idade.

l) *Servir com civilidade e presteza aos mais velhos* é uma qualidade precípua dos jovens, por isso é preciso levá-los a ter esse hábito desde a infância.

m) De tudo isso resultará a *civilidade* das boas maneiras, graças à qual as crianças saberão como saudar a alguém, apertar sua mão, dobrar os joelhos, agradecer os presentes etc.

n) Para evitar a leviandade ou a grosseria, é preciso que *a instrução seja acompanhada de gestos circunspectos*, para que tudo se faça com respeito e modéstia. Uma vez iniciada nessas virtudes, será fácil para a criança seguir o exemplo de Cristo e obter a graça de Deus e dos homens.

8. No que diz respeito às artes liberais, podemos dividi-las em três partes. Aprendemos para *saber* coisas, para *fazer* coisas e para *falar* coisas, ou melhor, para conhecer, fazer e falar todas as coisas, exceto as más.

9. A *sabedoria* da criança nos primeiros seis anos começa pelo conhecimento:

a) *Acerca das coisas físicas naturais*, até o ponto em que ela possa nomear os elementos fogo, ar, água, terra e aprenda os nomes chuva, neve, gelo, chumbo, ferro etc. Das árvores e de algumas das plantas mais comuns, violetas, cravos e rosas. Da diferença entre os animais, o que é pássaro, gado, cavalo, vaca etc. Finalmente, como se chamam as partes exteriores de seu corpo e para que servem, que os ouvidos são para ouvir, as pernas para correr etc.

b) *Da óptica* é suficiente que as crianças saibam o que é escuro e o que é claro, quais são as diferenças entre as cores mais usuais e qual é o nome delas.

A escola da infância

c) *Na astronomia*, discernir entre o Sol, a Lua e as estrelas.

d) *Em geografia* a criança deve saber em que lugar nasceu e se vive numa vila, cidade, aldeia ou castelo. O que é campo, montanha, prado, selva, rio etc.

e) Dos primeiros princípios da *cronologia*, o que é hora, dia, semana, mês, ano, o que é primavera, verão etc.

f) A *história* começa para a criança quando ela consegue lembrar o que lhe aconteceu ontem, há algum tempo, há um, dois ou três anos, ainda que isso seja tratado de modo pueril e que as recordações sejam vagas, como que envoltas em névoa.

g) *Da economia*, basta que saiba o que é ou não da família.

h) *Da política*, a criança deve saber quem são os governantes, legisladores e magistrados e também que os cidadãos se reúnem de vez em quando em assembleias etc.

10. *Fazer* as coisas envolve a mente e a linguagem, como a dialética, aritmética, geometria, música, ou a mente e as mãos, que são os afazeres e as atividades físicas.

a) Os princípios da *dialética* podem ser incutidos nos primeiros seis anos de tal modo que a criança entenda o que é uma pergunta e o que é uma resposta, para que ela possa responder diretamente a uma questão proposta e *não fale de cebolas quando a pergunta for sobre alhos*.

b) Os fundamentos da *aritmética* começam por saber se algo é muito ou pouco, contar até 20 ou 60, saber o que é número par e ímpar. Também que 3 é maior que 2, que 3 mais 1 é 4 etc.

c) A *geometria* começa pelo conhecimento do que é grande ou pequeno, curto ou comprido, estreito ou largo, fino ou grosso e o que chamamos de palmo, côvado, passo etc.

d) *Música* será para a criança aprender a cantar de memória algumas estrofes de salmos ou hinos.

e) A iniciação nas *artes ou ofícios* começa por aprender a cortar, fender, esculpir, entalhar, arrumar, encaixar, destacar, montar e desmontar, coisas familiares às crianças.

11. No que diz respeito à *linguagem*, é preciso aperfeiçoar a gramática, a retórica e a poética.

a) A *gramática* dos primeiros seis anos consiste em que as crianças saibam expressar tudo que sabem sobre as coisas ainda que imperfeitamente, mas precisa e claramente, de modo que elas possam ser compreendidas.

b) A *retórica* consiste em cultivar nas crianças gestos naturais e a imitação dos outros no caso de ouvirem algo no sentido figurado ou alegórico.

c) Os rudimentos da *poética* começarão com a recitação de memória de alguns versos ou rimas.

12. É preciso cuidar para que os procedimentos utilizados com as crianças sejam adequados para cada caso específico. Aqui as atividades são apresentadas de modo geral, sem que se faça sua distribuição acurada por este ou aquele ano ou mês (como acontece nas escolas que virão depois).[1] Isso pelas seguintes razões:

---

1 Já na *Pampaedia*, Comenius divide a escola infantil em seis classes: a puerperal, até a idade de um mês e meio; a do aleitamento, até a idade de um ano e meio; a do balbuciar e dos primeiros passos; a da linguagem e da percepção sensível; a dos bons costumes e da piedade; e, finalmente, a classe das primeiras letras, a "primeira escola coletiva". (N. T.)

A escola da infância

a) Porque nem todos os pais podem, em sua casa, proceder do mesmo modo que na escola pública, onde a ordem não é perturbada por nenhum acontecimento exterior.
b) Porque nessa primeira idade nem todas as crianças têm o mesmo engenho: algumas começam a falar no primeiro ano, outras, no segundo e outras ainda, no terceiro ano.

13. Apresentamos de modo geral *de que maneira se formam as crianças nos seis primeiros anos no* (1) *conhecimento das coisas,* (2) *no trabalho e na destreza,* (3) *na eloquência,* (4) *nos costumes e nas virtudes,* (5) *na piedade* e como o fundamento de tudo isso é *a vida e a boa saúde*, ensinaremos primeiro de que maneira pais diligentes podem conservar suas crianças saudáveis e em segurança.

Capítulo V
Como levar a juventude a ter saúde e vigor

1. Costuma-se dizer, *reze para ter uma mente sã num corpo são*. Mas rezar só não basta, é preciso também trabalhar para isso, pois ao trabalhador e não ao ocioso, promete Deus sua bênção. Todavia, como as crianças pequenas não podem ainda trabalhar e nem sabem como fazer suas preces a Deus, cabe aos pais eximi-los desse dever, esforçando-se em sustentar e formar para a glória de Deus aqueles que foram procriados.

2. Antes de tudo, como não é possível educá-los a não ser que estejam vivos e fortes (o que se poderia fazer com o fraco e doente?), o primeiro cuidado dos pais será preservar a saúde das crianças. Como essa tarefa compete geralmente à mãe, é necessário chamar sua atenção para isso.

3. Uma vez que a mãe é a primeira a saber que Deus, Criador de todas as coisas, começou a formar sua prole no útero dela, a partir desse momento, com maior fervor do que antes, ela deve rezar ardentemente todo dia a Deus, até que venha à luz, perfeitamente formado e são, quem ela leva debaixo do coração. Com essa finalidade, poder ser útil para as matronas grávidas a seguinte prece.

Jan Amos Comenius

Prece das matronas grávidas

Deus todo poderoso, Criador de todas as coisas visíveis e invisíveis, Pai de tudo que há no céu e na terra, a ti, amantíssimo Pai, que nos criou com especial atenção e consideração, formando nosso corpo do pó da terra com admirável sabedoria e inspirando nossa alma em ti mesmo para que saíssemos à tua imagem, de ti criaturas racionais, a ti nos dirigimos. Apesar de que podias nos ter criado a todos de uma vez em grande número, como aos anjos, a tua sabedoria preferiu fazer com que o gênero humano fosse multiplicado por macho e fêmea, conforme a ordem instituída por ti do santo matrimônio e por isso honra-te abençoá-los de modo que cresçam e se multipliquem para preencher não só a terra, mas também o coro dos anjos. Ó Deus, Pai eterno, honra e glória ao teu nome por todas as tuas obras admiráveis em nós! Eu dou graças igualmente à tua clemência que me fez nem tanto descender da tua excelente criação (já que eu mesmo posso aumentar o número dos escolhidos), mas por reconhecer em mim tanta dignidade a ponto de me levar ao estado de matrimônio e colocar um bendito fruto em meu ventre. Tua é a dádiva, tua graça paterna, ó Senhor, Pai dos espíritos e de todos os corpos. Por isso, só a ti me dirijo, com o coração humilde, para pedir conselho e ajuda de modo que quem formaste em minhas entranhas mantenha o teu amparo até um parto feliz. Sei ainda, Senhor, que o homem não tem poder sobre seus passos e que ninguém é capaz por si mesmo de traçar seu próprio caminho e que também somos fracos e débeis para evitar todas as ciladas que, com tua permissão, o mau espírito nos arma, ou prevenir os desastres em que incorremos por negligência. Porém, através da tua sabedoria infinita tu podes, por intermédio dos anjos, suprimir todos os infortúnios. Por essa razão, estando com essa necessidade, eu rogo a ti, Pai cheio de caridade, para que olhe para mim com teu olho de misericórdia e mantenha-me a salvo de todos os acidentes funestos. Seja para mim e meu querido marido um consolo nesta situação, ó Deus confortador de todos! Para que, ao percebermos tua bênção, com ânimo alegre

A escola da infância

haurirmos teu amor paterno e o seguirmos com todo prazer. Não me eximo do castigo, pois impuseste ao nosso sexo que a concepção e o parto fossem dolorosos. Humildemente apenas te peço para que me ajudes a suportar teu castigo para ter um êxito feliz. Se ouvirdes nossas preces e nos deres um rebento perfeito e saudável, prometemos restituí-lo e dedicá-lo a ti, para que permaneças para nós e nosso filho, Senhor e Pai clementíssimo, pois desejamos, junto com nossa posteridade, continuar fielmente sendo teus filhos. Ouça boníssimo Pai, as preces dos teus mais humildes servos e atenda aos desejos de seus corações por Jesus Cristo, nosso Salvador, que por nós dignamente em criança se encarnou no útero da bem-aventurada Virgem, e vive e reina agora contigo e com o Espírito Santo, Deus bendito para sempre, amém. Pai nosso etc.

4. Além de orar, é preciso que as matronas grávidas se cuidem para que não aconteça nenhum mal a sua prole. Para isso, (1) observem dieta e moderação, não comendo ou bebendo demais, assim como evitando inoportunos jejuns, purgações, sangramentos, resfriados etc., não se sobrecarregando e sufocando, para não expelir ou debilitar seu feto; em suma, devem se acautelar de todo excesso enquanto forem gestantes; (2) tomem cuidado com perigosos escorregões, quedas, evitem qualquer choque ou pancada, e até mesmo se acautelem ao andar, pois não é difícil para o feto, ainda fraco e débil, sofrer algum mal em qualquer um desses acidentes; (3) a mulher grávida precisa conter estritamente seus sentimentos, não se sobressaltar, se enfurecer ou sofrer demasiadamente, nem se atormentar. Se não se precaver dessas coisas, poderá ter em consequência um filho tímido, iracundo, angustiado, melancólico. Ou ainda, pode acontecer algo pior, pois o terror súbito e a raiva amargurada podem levar ao aborto do feto, que nascerá, no mínimo, com a saúde fraca; (4) em relação às

suas atividades exteriores, a mãe não deve se entregar ao sono, torpor ou ócio, mas fazer agilmente o que deve fazer, com tanta prontidão e alegria quanto possa, pois conforme ela proceder cotidianamente, assim ocorrerá durante o parto. No restante, ela será aconselhada por médicos experientes, parteiras e matronas honestas.

5. Depois de ter vindo à luz, convenientemente lavada e limpa, a criança será vestida de maneira delicada, com roupas suaves e quentes, e adequadamente alimentada pelos pais. Nesse momento é importante que a mãe seja ela mesma a nutriente, não afaste de si sua própria carne, continuando a dar alimento a quem começou a alimentar em suas entranhas. Mas ó dor! Quão danoso e repreensível é o costume oposto daquelas mães (da nobreza mais respeitável) que, enfastiadas de cuidar de sua própria descendência, permitem que ela seja mantida por fêmeas estranhas. Esse fato horroroso deve ser denunciado onde acontecer para que se adotem os procedimentos prudentes que a própria necessidade impõe. Pois quanto menos esse costume se radicar, menos se disseminará e menos necessidade haverá de suprimi-lo, sobretudo onde planejamos estabelecer a boa ordem a partir de seus fundamentos.[1]

6. Digo então que a cruel separação da criança de sua mãe para dá-la a uma ama de leite (a não ser nos casos inevitáveis, como quando a mãe não é capaz de amamentar) é, primeiro, *contra Deus e a natureza*, segundo, *prejudicial aos filhos*, terceiro, *perniciosa para a própria mãe*, quarto, *indigna e altamente reprovável*.

---

1 Comenius, então no exílio, se refere aqui à perspectiva, enquanto escrevia este livro, de os Irmãos Morávios retornarem brevemente à sua terra natal. (N. T.)

A escola da infância

7. Que esse modo de alimentação é contrário à natureza claramente resulta de que *nada parecido existe na natureza e até entre os animais selvagens não se encontra exemplo desse costume*. O lobo, o urso, o leão, a pantera e outros animais selvagens dessa espécie alimentam seus filhotes no próprio úbere. Porventura as mães do gênero humano serão piores que as de todas essas feras? (Pergunto se Deus não tem o mesmo entendimento quando faz Jeremias dizer nas Lamentações (4, 3), *Até os chacais dão o peito, amamentam suas crias. A filha de meu povo tornou-se cruel como os avestruzes do deserto?*) Como pode, pergunto, estar em conformidade com a natureza rejeitar o próprio sangue, o próprio corpo? Desse genuíno rebento teu, que gestaste por tantos meses debaixo do coração, nutrindo-o com teu sangue, subtrairás agora o teu leite? O leite que Deus deu para uso dos teus filhos e não de ti, pois sempre que um novo feto vem à luz imediatamente começam a jorrar tuas fontes e para proveito de quem, senão do novo hóspede? Portanto, invertem a ordem divina aqueles que prescrevem qualquer outra coisa diferente daquilo que já está determinado.

8. *Em segundo lugar*, sugar o peito da mãe natural, e não da ama, é muito melhor para a saúde do bebê, pois já no útero ele se acostuma a alimentar-se com o sangue materno. As crianças tanto mais se assemelham aos pais em índole e virtude quanto mais cotidiana for essa prática, como testemunha a experiência. O filósofo *Favorinus* assevera que, assim como, misteriosamente, o sêmen genital tem o poder de moldar o corpo e a alma conforme sua forma original, o leite ministrado também tem esse poder. Ele demonstra isso com o exemplo da ovelha e da cabra: *o cordeiro alimentado com o leite de cabra tem o pelo mais duro que aqueles alimentados com o leite materno e, ao contrário, cabritos que mamam em*

ovelhas ficam com o pelo mais macio. Quem então, a menos que seja cego, não vê que os bebês alimentados com leite dos outros adquirem os costumes dos outros e não os de seus pais? Se os cônjuges não permitem que outros plantem sementes em sua horta, por que deixam que chuvas peregrinas reguem sua plantação? Se o pai transmitiu ao filho sua natureza, por que a mãe lhe nega a sua? Por que admitir uma terceira pessoa para concluir a empreitada? Na verdade, Deus considerou suficiente apenas duas pessoas para produzir sua descendência: por que não nos contentarmos com a vontade de Deus? Se por alguma razão essa concessão for necessária, podemos tranquilamente concordar com isso em dois casos. *Primeiro,* se a mãe do bebê estiver com alguma doença contagiosa, para manter a criança com plena saúde, pode-se confiá-la a outra nutriz, livrando-a assim do contágio através dos lábios. *Além disso,* se a mãe tiver maus costumes que possam prejudicar as virtudes da criança, não se deve impedir que esta seja confiada a outra nutriz muito mais piedosa e proba, para que assim ela possa assimilar melhor as virtudes de sua alma. De nenhum modo se pode desculpar que matronas honestíssimas, digníssimas, virtuosíssimas, entreguem o fruto recém-nascido de suas entranhas a mulheres desleixadas, desonestas e ímpias, muitas vezes mais débeis de saúde que elas mesmas. Dessa sorte, mesmo o mais querido bebê estará certamente exposto ao contágio. E se isso acontecer, os pais não têm de que se admirar se seus filhos ficarem cada vez menos parecidos com eles nos costumes e modos de vida e não acompanharem os seus passos. Como diz justamente um provérbio comum entre os latinos: *a maldade ingere-se com o leite.*

9. *Em terceiro lugar,* as mães delicadas, do tipo que receiam cuidar de seus filhos para não prejudicar a simetria ou ele-

gância de sua silhueta, muitas vezes acabam por perder, nem tanto a serenidade ou a beleza, mas a saúde e a vida. Ao rejeitar a amamentação de seus filhos, elas não se dão conta de que agem como se abandonassem a medicina que habitualmente as livra de muitas doenças e humores supérfluos, como tem sido amplamente demonstrado pelos filósofos citados. A propósito disso, *Plutarco* escreveu um libelo especial em que considera ser necessário lembrar às mães seus deveres, determinados por Deus e pela natureza e Aula Gélia deixou escrito: *indigno é o nome da mãe, que se nega a cumprir aquilo que foi determinado por Deus e pela natureza, e por isso prenuncia a si mesmo toda espécie de infortúnio.*

10. *Por fim*, não é direito de uma mãe honesta se recusar a dar o seio aos próprios filhos. *Apolephtes Didacus* chama de madrastas a essas mães. *Quantas*, pergunta, *preferem acariciar seu cão a carregar seu filho nos braços e muitas vezes se envergonham de levar seus próprios filhos pela mão, em vez do cão ou esquilo. Que animal é tão bestial a ponto de entregar seus filhotes a outros? Pelo contrário, existem espécies de animais em que o macho e a fêmea brigam entre si pelo cuidado com o filhote. Mesmo as aves, entre as quais surgem seis ou mais filhotes e para as quais Deus não deu tetas para alimentá-los, não deserdam nenhum, mas os nutrem cuidadosamente até que possam ficar de pé sozinhos.*

11. Sobre o mal que pode advir se o bebê não for amamentado pela mãe, mas por uma ama desprezível, recorrerei ao exemplo de três imperadores romanos.

Tito, como testemunha Lamprídio, amamentado por uma ama doente, foi atormentado por toda a vida pelas enfermidades. *Calígula* foi uma besta feroz em forma humana, não por culpa dos pais, mas da ama de quem mamou. Além de ser má e ímpia, ela borrifava seus seios de sangue antes de dá-los para mamar. Por isso ele ficou tão feroz em seus modos, sendo que não só gostava de derramar sangue humano, como de lamber com a língua os vestígios de sangue em sua espada, nunca ficando satisfeito. Foi tão longe nisso, que desejava que as pessoas tivessem um único pescoço, pois assim poderia decapitar a todas num só golpe. *Tibério César* era ávido por vinho, nem tanto porque sua ama fosse uma mulher amante do vinho e bêbada, mas porque ela o acostumou desde cedo a bebericar.

12. Por conseguinte, pode-se ver que do tipo de ama de leite que se tem dependem não o físico e a saúde, mas principalmente a moral e os bons costumes. Pois se a ama estiver afetada por uma enfermidade manifesta ou oculta, o bebê estará sujeito ao contágio. Se ela for prostituta, desonesta, ladra, beberrona, raivosa, não espere da criança outra coisa, pois as sementes de todos esses vícios se ingerem com o leite (*Didacus Apolephtes*, Parte 3, p.72 etc.).

13. Por ora, isso é suficiente acerca desse assunto. Oxalá os pais piedosos e prudentes que desejam que seus filhos tenham saúde possam se valer desses conselhos.

14. Pouco a pouco, com o leite pode-se posteriormente ministrar outros alimentos ao bebê, contudo é prudente começar com aqueles mais parecidos com o alimento natural, isto é, tenros, doces e de fácil digestão. Ministrar medicamentos aos bebês (o que é costume de muitos) é altamente nocivo. Antes de tudo, atrapalha a digestão natural no estômago, impedindo consequentemente o crescimento da criança. (Medicamento e comida são antagônicos: esta alimenta e aumenta o sangue e os humores vitais do corpo, enquanto o outro a isso se opõe, extraindo os alimentos e os impelindo para fora). Além disso, o medicamento tomado sem necessidade se converte em algo natural, perdendo sua força e, quando ele for necessário, não

A escola da infância

funcionará, pois a natureza acostumou-se com ele. Disto também decorre algo ainda mais importante: as crianças acostumadas a tomar medicamentos desde a mais tenra idade nunca alcançarão seu pleno vigor e íntegra saúde. Elas se tornam fracas, doentias, débeis, pálidas, imaturas, carcomidas, enfim, antecipam seu destino e morrem prematuramente.

15. Portanto, ó diletos pais, se quiserem figurar entre os sábios, impeçam os seus filhos, como se fosse veneno, de tomar medicamentos desnecessários. Evitem também os alimentos e bebidas normalmente quentes ou ácidos, tais como as refeições temperadas com muita pimenta ou sal etc. Quem alimenta seus filhos com esse tipo de comida ou bebida, age como um jardineiro imprudente que, para que suas plantas cresçam céleres e floresçam, asperge-as com cal para aquecer suas raízes. De fato, as plantas crescerão mais depressa e brotos logo começarão a aparecer, mas também rapidamente ficarão murchos e secos, e as plantas perecerão pela raiz. Duvidam? Então experimentem e vejam quão salutares são essas comidas para as crianças. Deus prescreveu e recomendou o leite como alimento para as crianças e outras criaturas delicadas, então é preciso alimentá-las com ele. Porém, tão logo elas possam ser apartadas do leite, devem experimentar comidas semelhantes, moderadamente temperadas: pão, manteiga, papa, algum legume, água e cerveja fraca, e então crescerão como plantas em água corrente. Fora isso, será preciso somente que as crianças dosem seu sono, tenham brincadeiras frequentes e diversões modestas e, acima de tudo, encomendem vida e saúde a Deus, com piedosas preces.

16. Os *espartanos*, considerados um dia os mais sábios dentre os mortais, excederam todas as nações na terra em seu cuidado

com a educação da juventude, estando rigidamente previsto em seus estatutos que a nenhum jovem com menos de 20 anos seria permitido degustar o vinho. Se o uso do vinho estava terminantemente proibido para a juventude, imaginem o que eles diriam hoje dessa louca bebida, o vinho purificado pelo fogo, a aguardente, recentemente inventada para a ruína do gênero humano e que não só aos jovens, mas também aos velhos têm queimado? Certamente é tempo de aprendermos a cuidar de nossos filhos, especialmente os pequeninos, para que não se corrompam e morram.

17. Devemos também cuidar diligentemente da saúde dos bebês atentando para suas particularidades: seus pequenos corpos são débeis, seus ossos são moles e suas veiazinhas, fracas, nenhuma parte está madura ou completa. Aprender a segurar o bebê com as mãos, levantá-lo, carregá-lo, deitá-lo, pegá-lo, envolvê-lo nos panos, colocá-lo no berço, com prudência e segurança, de modo a evitar que, por falta de cuidado, algo possa feri-lo, que caia ou se machuque, pois por causa disso ele pode ficar cego ou surdo, coxo ou manco. Ele é uma riqueza mais preciosa que o ouro, porém mais frágil que o vidro: facilmente trinca ou quebra, decorrendo daí um dano irreparável.

18. Quando as crianças começarem a se sentar, ficar de pé, andar, então, para protegê-las de quedas, elas precisarão de cadeirinhas, correias de amarrar, carrinhos (do que se precisar primeiro). Em algumas regiões se tem o costume de envolver a cabeça da criança com um gorro forrado de algodão para que não a machuque em caso de queda. Pode-se estender esse cuidado para outros membros do corpo. Roupas apropriadas e uma casa aquecida protegerão a criança das aragens frias e nocivas. Resumindo, deve-se cuidar para que ela não seja exposta a con-

A escola da infância

tusões, calor ou frio demasiado, excesso de comida ou bebida, nem passar fome ou sede, para não afetar sua saúde delicada.

19. Será útil também que as crianças cumpram um regime adequado: regular quantas vezes ao dia se deitam e de novo se levantam, comem ou descansam depois de brincar, porque isso não só é bom para sua saúde, mas constitui um fundamento para a ordem subsequente. Embora isso possa parecer ridículo para algumas pessoas, os exemplos demonstram a verdade indubitável de que se pode produzir uma ordem apropriada e agradável na vida das crianças.

20. Posto que nossa vida é fogo, ela logo se apaga se não houver livre arejamento e constante agitação, por isso as crianças precisam fazer diariamente exercícios e movimentos. Com essa finalidade é que se as embala no berço, carrega nos braços, leva de lugar em lugar, transporta em carrinhos (antes que elas consigam se movimentar por si mesmas). Quando as crianças crescerem um pouco e começarem a dominar a força das pernas, pode-se lhe permitir correr e experimentar esta ou aquela atividade. Quanto mais a criança está ocupada, corre, brinca, mais tranquilamente pega no sono, mais facilmente seu estômago faz a digestão, mais depressa cresce, mais forte é seu corpo e sua alma. Será preciso apenas cuidar para que ela não se machuque. Para isso, é necessário procurar um lugar seguro onde ela possa correr e se exercitar, mostrando-lhe como fazer os exercícios sem que lhe aconteça algum mal e empregando saudáveis amas e babás para protegê-la.

21. Finalmente, como afirma o ditado popular, *alma alegre é meia saúde* e, segundo o Sirácida, *a alegria do coração é a vida do homem* (Eclesiástico 30, 22), portanto, de nenhum modo os pais devem tolher a alegria dos filhos. Por exemplo: no primeiro

ano é preciso excitar sua alma balançando o berço, embalando-os, cantando e tocando pandeiro para eles, levando-os para passear na praça ou no jardim e até mesmo animá-los através de beijos e abraços, fazendo tudo isso com moderação. A partir do segundo ano podem-se organizar jogos para brincar com eles ou para que eles brinquem entre si, bate-papos, esconde-esconde, ouvir músicas ou ver qualquer espetáculo ameno, pinturas etc. Em suma, se percebermos que a criança gosta ou se alegra com algo, de nenhum modo esse algo lhe deve ser recusado; pelo contrário, seu entretenimento em pequenas ocupações convenientes e agradáveis aos olhos, ouvidos e outros sentidos contribuirá para o vigor de seu corpo e de sua alma. Somente não deve ser permitido o que é contra a piedade e os bons costumes, de que falarei em lugar apropriado.[2]

---

2 Referência aos capítulos IX e X. (N. T.)

Capítulo VI
Como educar as crianças
para o conhecimento das coisas

I. *Quando eu era pequeno, único filho de minha mãe*, dizia Salomão, o mais sábio dos mortais, *meu pai me ensinou que, inicialmente, eu devia compreender as coisas de modo a adquirir sabedoria para sempre* (Provérbios 4, 4-5). Assim, os pais sensatos, além de providenciarem os meios materiais necessários para que suas crianças tenham uma vida afortunada, deveriam cuidar, com maior empenho, para que a sabedoria nelas se instale. Porque ela é *mais valiosa do que as pérolas; nada que desejas a iguala. Em sua direita: longos anos; em sua esquerda: riqueza e honra! Seus caminhos são deliciosos, e os seus trilhos são prosperidade. É árvore de vida para os que a colhem, e felizes são os que a retêm* (Provérbios 3, 15-18).

2. Sabem vocês, pais, quando deveriam começar a cultivar a sabedoria de seus filhos? Salomão diz que seu pai o instruiu desde os primeiros momentos de sua infância e, apesar de ele ser o querido filho único de sua mãe, ela não se opôs a essa prática. Da mesma forma, nossas crianças poderão conhecer as coisas ao seu redor, e outros objetos, desde seu nascimento. Mas de que maneira? Quando sua tenra idade permitir, isto é, sempre que a criança puder compreendê-las por si mesma. Os exemplos seguintes vão ilustrar isso.

3. A *Física* das crianças recém-nascidas consiste em comer, beber, dormir, digerir e crescer, mas elas não pensam nem compreendem essas coisas. É no segundo ou terceiro ano de vida que elas começam a entender cada vez melhor o que é pai, o que é mãe, o que é comida, bebida etc. E, logo depois, o que chamamos água, fogo, vento, frio, quente, o que é uma vaca, um cachorro, enfim, a diferente variedade das coisas em geral. Esse conhecimento é adquirido ao cuidarmos delas, quando exclamamos: "Olhe, um cavalo! Veja o passarinho! Um gato!". A partir do quarto, quinto ou sexto ano de vida, elas aumentam seu conhecimento das coisas, sendo capazes de nos dizer o que significa pedra, areia, barro, o que é uma árvore, um galho, uma folha, uma flor, e assim por diante. Passam a conhecer nossas frutas mais comuns, laranja, banana, maçã etc. e aprendem também a chamar corretamente as partes de seu corpo, começando a identificar a utilidade de cada uma delas. Para ajudar esse aprendizado, os pais, ou a babá, enquanto cuidam delas, podem mostrar-lhes isto ou aquilo, perguntando-lhes: *O que é isto?* – Orelha. *O que você faz com ela?* – Escuto. *E isto?* – Olho. *E para que o usamos?* – Para enxergar. *E como se chama isto?* – Perna. *E para que serve?* – Para andar.

4. A *Óptica* se inicia com a percepção da luz, uma coisa natural para a criança: tão logo surge uma luminosidade, seus olhos se voltam para ela. Porém, deve-se tomar cuidado para não expô-la à luz muito intensa, evitando que seus olhos se ofusquem, o que poderia diminuir ou mesmo prejudicar sua visão. Comecem ambientando o bebê em uma luz suave, de preferência esverdeada, deixando-o gradualmente se acostumar com tudo que brilha. Os exercícios ópticos do segundo e terceiro anos consistem em oferecer à sua contemplação pinturas

A escola da infância

e objetos coloridos. Mostrem-lhe a beleza do firmamento, das árvores, das flores e da água corrente. Adornem a criança com objetos coloridos, nos punhos e no pescoço, vistam-na com roupas bonitas, para que ela se deleite olhando essas coisas. Uma simples mirada que a criança dê no espelho aguça sua visão e seu pensamento. A partir do quarto ano de idade, muitas coisas da óptica serão apreendidas pelas crianças fora de casa, em passeios pelas lavouras, campos, vales e lagos, onde elas poderão observar animais, árvores, plantas, flores, riachos, moinhos e outras coisas semelhantes. Elas também vão gostar de ver figuras dessas coisas nos livros ou em quadros na parede. Mostrar-lhes essas coisas não lhes deve ser negado, pelo contrário, todo esforço deve ser feito para chamar sua atenção sobre elas.

5. No segundo ou, no mais tardar, terceiro ano de vida, as crianças fazem sua introdução na *Astronomia*, observando os céus e distinguindo o Sol da Lua e das estrelas. A partir do quarto e quinto ano, elas podem observar o nascer e o pôr do Sol e da Lua. Podem perceber que a Lua às vezes está cheia e outras vezes minguante ou crescente, coisas que devemos mostrar a elas. Pelo sexto ano, as crianças aprendem que no inverno os dias são mais curtos e as noites, mais longas, e que no verão, pelo contrário, os dias são mais compridos que as noites.

6. O estudo da *Geografia* se inicia no fim do primeiro ano, no momento em que o bebê começa a diferenciar seu berço do seio materno. Nos segundo e terceiro anos, a criança começa a explorar o seu quarto, onde mora, a notar o lugar de comer, descansar ou passear, onde há luz e onde faz calor. Durante o terceiro ano ela incrementa suas noções de Geografia, diferenciando e nomeando espaços, como a sala, a cozinha, o quarto

de dormir, o que há no quintal, no jardim, nas construções em volta da casa. No quarto ano, ao sair de casa para visitar seus vizinhos, seus parentes, a criança passa a familiarizar-se com ruas e praças. No quinto ano deverá se consolidar, em sua memória e em seu entendimento, o que é uma cidade, uma aldeia, um terreno, um parque, uma floresta, um rio etc.

7. As crianças deverão também perceber as diferenças de tempo: quando é dia e quando é noite, o que é a manhã, a tarde, o meio-dia e a meia-noite. E depois: quantas vezes ao dia elas comem, dormem ou rezam. Esses são os primeiros rudimentos da *cronologia*. A seguir, elas aprenderão a sucessão dos dias, que a semana tem sete dias e que seis desses dias são comuns, enquanto o sétimo é dia de festa, no qual as pessoas não trabalham, mas vão aos templos cuidar das coisas divinas. Que há três grandes celebrações no ano: *Natal* no verão, *Páscoa* no outono e *Corpus Christi* no inverno e que em junho é época de colher o milho, e outras ocasiões de festa semelhantes. Pelo hábito, as crianças lembrarão por si só desses momentos especiais, que deverão por nós ser comentados com elas desde o momento que são anunciados e enquanto transcorrerem.

8. Tão logo as crianças comecem a falar, elas deverão ser exercitadas em *História* através da recordação das coisas passadas. Inicialmente isso pode ser feito através de perguntas do tipo: *Quem lhe deu isto? O que você fez ontem? E na quarta-feira?* E elas respondem: meu avô, fui à casa de fulano etc. *Que presente você ganhou ali? Que coisas o dono da casa lhe prometeu dar?* E assim por diante. Outras coisas serão fixadas na memória da criança simplesmente por observação. Contudo, como a memória da criança guarda apenas as coisas que para ela têm algum valor, é preciso cuidar para que ela retenha as coisas boas, aquelas que

contribuam para sua própria virtude e para com o respeito a Deus. Tudo que for contrário a isso deve ser impedido de chegar aos olhos e ouvidos da criança.

9. O início da *Economia*, no sentido da administração das coisas referentes ao lar, começa já nos primeiros anos de vida da criança, quando ela começa a reconhecer quem é a *mamãe*, o *papai*, a *babá* e depois as diversas pessoas da casa. Pelo terceiro ano ela aprende que o pai e a mãe governam a casa e que os outros obedecem. No quarto e no quinto ano ela aprende a tomar conta de suas coisas, qual é a sua roupa de festa e qual é a do dia a dia, a não sujar ou rasgar sua roupa e a não largá-la pelo chão. Nessa idade ela perceberá facilmente a serventia de cestos, caixas, estantes, balcões, armários, fechaduras e chaves e que nem todos têm acesso a tudo. Ela conhecerá as outras peças do mobiliário doméstico por observação direta ou através das conversas que mantiver em casa com seus familiares. Fazer com que a criança brinque com objetos, feitos de madeira ou outro material, tais como animais, carros, cadeiras, mesas, ferramentas, recipientes, panelas, será de grande valia não só pela brincadeira, mas também para o conhecimento de tais objetos. Desse modo, se estará a *educar a criança no caminho a seguir* (Provérbios 22, 6), abrindo seus olhos para essas pequenas coisas, para que não se deslumbre mais tarde com as maiores.

10. A criança fará pouco uso da *política* em seus primeiros anos. Mesmo que ouça palavras como *senhor, governador, prefeito, juiz* ou outras semelhantes, pouco significarão para ela, por não frequentar essas instâncias de poder e, mesmo que eventualmente isso lhe seja permitido, ela não estará em condições de compreendê-las. Por isso, o melhor é começar conversando com ela acerca dos rudimentos da política: a quem se deve

obedecer, a quem venerar e a quem respeitar, tópicos levantados naturalmente durante a convivência familiar. Assim, a criança deve aprender a se voltar para quem a chama, atendê-la e ouvir o que lhe dizem. Responder educadamente a todas as perguntas, por mais jocosas que sejam (uma vez que nessa tenra idade as crianças lidam tranquilamente com os gracejos dos outros, que devem ser feitos para estimular seu entendimento das coisas). Aprenderá dessa maneira a distinguir o que é dito de brincadeira daquilo que é sério, a responder a uma piada com um gracejo e a conversar seriamente quando o assunto é grave. Pela expressão facial e gestos dos outros, ela aprenderá sem dificuldade quando a ocasião é de brincadeira ou de seriedade. Para isso, quem cuida da criança deverá ter o discernimento de gracejar com ela na hora adequada, evitando brincadeiras em momentos sérios (como durante as orações, exortações e admoestações); também não deverá, quando a criança fizer alguma brincadeira, franzir as sobrancelhas, zangar-se ou bater nela, caso contrário, sua mente ficará confusa e ela não saberá como lidar com aquela situação. Quem quiser que a criança seja esperta, deve agir espertamente com ela, não a fazendo passar por ridícula ou estúpida em situações que ela não tem condições de compreender o que está se passando.

11. A capacidade e o pensamento das crianças são fortemente estimulados por fábulas que envolvem animais como personagens e outras narrativas engenhosas. Elas adoram ouvir essas histórias e facilmente as guardam na memória. Como, apesar de engraçadas, na maior parte das vezes essas narrativas apresentam uma lição de moral, elas ajudam a exercitar e ocupar o pensamento das crianças, deixando lições que poderão ser de grande valia no futuro.

A escola da infância

12. Tudo isso será suficiente para a formação intelectual da criança acerca das coisas. Apenas algo mais: embora os adultos que cuidam da criança possam dar conta facilmente de quase tudo isso, mais ainda poderão fazer suas coetâneas, também crianças, seja quando uma conta alguma coisa a outra, seja brincando juntas, pois crianças da mesma idade progridem de forma semelhante nos modos e costumes e estão mais bem sintonizadas umas com as outras, pois não há muita diferença entre sua capacidade de pensar. Entre elas não existe domínio de uma sobre a outra, nem constrangimento, nem medo ou receio, mas sim amor e candura nas perguntas e respostas que fazem entre si sobre os acontecimentos ao seu redor. Essas condições estão ausentes quando pessoas mais velhas conversam com as crianças, daí essa nossa preocupação.

13. Ninguém tenha dúvida de que a criança pode, mais do que ninguém, contribuir para o progresso do pensamento de outra criança. Por isso não só se deve permitir que elas brinquem junto e conversem entre si, mas também providenciar para que isso aconteça. É preciso somente cuidar para elas não se misturarem com maus companheiros, que fazem mais mal do que bem. Atentos a esse perigo, fácil será aos pais impedir tal tipo de companhia tão logo ela apareça na vizinhança, não permitindo assim que seus filhos se maculem.

Capítulo VII
Como acostumar os filhos a uma vida ativa
e permanentemente ocupada

I. As crianças adoram estar ocupadas com alguma coisa porque seu sangue jovem não pode ficar quieto, portanto, em vez de refreá-los, é preciso providenciar para que sempre estejam fazendo alguma coisa. Que sejam como formigas, sempre em movimento: levando, trazendo, arrumando, transportando. É preciso somente as ajudar a perceber naquilo que estão fazendo como é que as coisas funcionam, até mesmo em suas próprias brincadeiras (pois ainda não podem se ocupar com coisas sérias). Lemos que Temístocles, príncipe ateniense, uma vez foi visto cavalgando com seu filho em um cabo de madeira, surpreendendo um jovem cidadão, ainda solteiro. Percebendo seu espanto ao ver alguém tão importante agir tão infantilmente, Temístocles pediu que ele não contasse nada a ninguém sobre o que tinha visto até que ele mesmo tivesse um filho, dando a entender que, quando ele fosse pai, compreenderia melhor o sentimento dos pais para com seus filhos e deixaria de censurar-lhe o que hoje considerava pueril.

2. Visto que as crianças tentam imitar tudo que veem os outros fazer, permitam que elas manuseiem tudo, exceto aqueles

objetos que possam causar dano a elas mesmas ou ao que está à sua volta, como facas, machados, vidros etc. Quando não for conveniente lhes dar utensílios verdadeiros, que tenham para seu uso brinquedos feitos especialmente, tais como facas de chumbo, espadas de madeira, arados, carrinhos, trenós, moinhos, casinhas etc., com os quais elas sempre gostam de brincar, exercitando o corpo para serem sãs, a alma para serem perspicazes, os membros do corpo para serem ágeis. Alegram-se quando podem levantar pequenas casas, formar paredes com argila, madeira, pedras, mostrando suas inclinações arquitetônicas. Em uma palavra, tudo de que as crianças quiserem brincar (desde que não seja nocivo) precisa mais ser auxiliado que impedido, pois a folga de não haver nada em que ela possa se ocupar será muito mais danosa para seu corpo e sua alma.

3. Procedendo gradualmente, no primeiro ano é suficiente que aprendam bem a *mecânica*: abrir a boca para receber o alimento, manter a cabeça ereta, mover os olhos, carregar algo com as mãos, sentar, ficar em pé etc. Tudo isso será realizado naturalmente, sem especial empenho.

4. No segundo e no terceiro ano as práticas mecânicas tornam-se mais fecundas. Elas começam a compreender o que é correr, saltar, movimentar-se de diversos modos, jogar, acender e apagar o fogo, despejar água, levar algo de um lugar para outro, depositar, levantar, derrubar, instalar, virar, enrolar, desenrolar, dobrar, endireitar, quebrar, arrancar etc. Tudo isso lhes deve ser concedido, mostrando-lhes antes como se faz, na primeira oportunidade que surgir.

5. No quarto, no quinto e no sexto ano estarão ocupadas com atividades arquitetônicas, é assim que deve ser. Não é bom sinal quando a criança tende a ficar tranquilamente sentada ou

A escola da infância

andando de um canto para o outro: correr constantemente e sempre estar fazendo algo é indício certo de saúde e vivacidade. Por isso, como foi dito, em vez de afastar a criança das coisas que lhe chamam a atenção, deve-se ajudá-la a delas se aproximar, mostrando-lhe como agir, preparando assim seu caminho para futuros trabalhos sérios.

6. Como as crianças precisam se exercitar na pintura e na escrita já na escola materna, no quarto ou no quinto ano de vida, pode-se estimular ou despertar suas inclinações nessa direção fornecendo-lhes giz (para os menos ricos, carvão) para elas desenharem à vontade pontos, linhas, curvas, cruzes, rodas. Pode-se paulatinamente mostrar-lhes como desenhar, ao menos como divertimento, para o deleite da alma. Assim, se acostumarão a segurar o giz com a mão e a formar letras, perceberão o que é ponto ou linha, o que posteriormente facilitará enormemente a tarefa do professor.

7. Da *dialética*, nada exceto a comparação entre o que é natural e o que é resultado da prática deve ser introduzido. Com efeito, do mesmo modo que agem aqueles que vivem com as crianças, racional ou irracionalmente, assim se comportarão as crianças.

8. Os rudimentos da *Aritmética* poderão ser dados a partir do terceiro ano, quando as crianças primeiro começarão a contar até cinco, depois até dez ou, pelo menos, pronunciar corretamente esses números, ainda que não compreendam o que eles significam. Perceberão por si mesmas, mais tarde, para que elas servem. No quarto, no quinto e no sexto ano, será suficiente que eles consigam ordenar os números até vinte, dando-se conta rapidamente de que sete é maior que cinco, que quinze é maior que treze etc. Compreenderão sem dificuldade o que

são números pares ou ímpares através do jogo que chamamos *par ou ímpar*. Avançar mais do que isso na Aritmética será inútil e até mesmo prejudicial, pois não há nada mais difícil de reter em nossa mente do que os números.

9. Os primeiros princípios da *Geometria* podem ser percebidos por volta do segundo ano, quando dizemos que alguma coisa é grande ou pequena. Será fácil depois saber o que é curto ou comprido, largo ou estreito. No quarto ano será suficiente conhecer as diferenças entre algumas figuras, por exemplo, entre o círculo, a linha, a cruz. Em seguida, os nomes das medidas mais utilizadas, dedo, palmo, braço, passo, libra, quadra, sexta etc. E, se tiverem conhecimento de alguma outra, elas a devem medir, analisar, para compará-la com as que conhecem.

10. A *música* é para nós a coisa mais natural do mundo, pois logo que nascemos começamos a cantar a ladainha originária do paraíso que nos lembra incessantemente a nossa queda: A, a! E, e![1] Vagido e pranto é a nossa primeira música e é impossível retirá-la das crianças e, mesmo que isso fosse possível, não conviria fazê-lo, porque ela é útil para sua saúde. Enquanto faltarem outros movimentos e exercícios é justamente dessa maneira que o peito e o interior do corpo expelem para fora todos os seus excessos. A música exterior, tal como aquela das cantigas, do pandeiro, dos instrumentos de percussão, começa a agradar à criança aos 2 anos. É preciso ter condescendência com esses gostos, até que os acordes e a harmonia agradem seu ouvido e sua alma.

11. A partir do terceiro ano a música sacra deverá fazer parte de seu cotidiano, por exemplo, quando há o costume de cantar

---

1 Cogita-se que talvez Comenius faça aqui uma alusão às letras iniciais dos nomes de Adão e Eva. (N. T.)

A escola da infância

antes ou depois da refeição, no início ou no fim das preces. Nessas ocasiões é preciso fazer com que as crianças estejam presentes, para que possam assistir e agir de modo conveniente, assim como levá-las para as reuniões sagradas nas quais todos cantam juntos na igreja. No quarto ano, não se deve forçar aqueles que ainda não conseguem cantar por si mesmos, mas permitir-lhes o uso de flautas, tambores, liras infantis, pois soprando, tamborilando, estalando, elas se acostumarão a perceber e mesmo a imitar os diversos sons. No quinto ano é tempo de começar a abrir os lábios cantando hinos e cânticos a Deus, elevando sua voz em glória do Criador. (Com essa finalidade, as estrofes mais fáceis de algumas canções têm sido indicadas para cantar pela manhã ou à tarde, antes ou depois das refeições, antes ou depois das preces, o que pode ser imitado por qualquer nação em sua própria língua.) Cantando e mesmo brincando com as crianças, os pais e as amas, sem maiores dificuldades, podem inculcar-lhes essas coisas na mente, pois sua memória fica maior e mais rápida por causa do ritmo e da melodia e, assim, elas assimilam muitas coisas de maneira mais fácil e alegre.

12. Quanto mais canções as crianças lembrarem, mais estarão satisfeitas consigo mesmas e, através de seus lábios, aumentarão a glória de Deus. Abençoada seja a casa onde ressoam os sons da música de Davi!

Capítulo VIII
Como ensinar as crianças
a usar a linguagem com sabedoria

1. Duas coisas distinguem claramente os homens dos animais, a razão e a fala. O homem precisa da primeira para si mesmo e da segunda para o próximo. Ambas precisam ser cuidadas igualmente para que a mente do homem, assim como sua linguagem, sejam bem formadas. A seguir, acrescentamos algo a respeito da formação da linguagem: como, quando e de que modo introduzir os princípios da gramática, da retórica e da poética.

2. A *gramática começa* para algumas crianças antes que transcorram seis meses de vida e, como regra, em torno do final do primeiro ano, quando em sua fala começam a se formar algumas letras ou mesmo sílabas: *a, e, i, ba, ma, ta* etc. Esse conjunto se amplia no ano seguinte, quando elas tentam pronunciar as palavras inteiras. Então se costuma propor-lhes palavras fáceis de pronunciar, *tatá, mama, papa, bumba* etc., e isso é realmente necessário. A própria natureza obriga as crianças a começar com essas palavras, pois é difícil para elas pronunciar, como nós adultos, *pai, mãe, comida, bebida* etc., porque a língua delas mal começou a se soltar.

3. Todavia, tão logo a língua das crianças comece a ficar mais flexível, será prejudicial condescender que elas continuem falando com a língua presa. Além do mais, quando elas finalmente aprenderem a falar palavras mais longas, terão que se desacostumar daquela forma ingênua. E por que a mãe, a irmã, a ama que se ocupam com crianças, que já abrem livremente a boca, não podem fazer disso um jogo? Dessa forma, a partir de palavras inteiras (começando pelas curtas) e, particularmente, de suas letras e sílabas, as crianças aprenderão a pronunciar bem letras e sílabas, distintamente e com bom acento. Isso constituirá a gramática para elas nessa idade, podendo-se estender tais exercícios até o terceiro ano, o que certamente será necessário para crianças mais lentas.

4. No quarto, no quinto e no sexto ano, sua linguagem se enriquece pelo conhecimento das coisas, por isso não se pode deixar de exercitá-las fazendo-as nomear qualquer coisa que veem em casa e com a qual se ocupam. Por isso deve-se sempre perguntar: *O que é isto? O que fazes? Como isso se chama?* – sempre cuidando para que elas respondam claramente. Não será preciso aqui mais do que isso de gramática, a não ser entremear algumas brincadeiras para o seu prazer. Por exemplo, quem pronuncia melhor e mais rapidamente algumas palavras longas, como *tará-tarat*ará, *Nabucodonosor, Constantinopolitano* etc.

5. A *retórica* também começa ao final do primeiro ano através dos gestos. Com efeito, enquanto o entendimento e a fala das crianças de tenra idade permanecerem ocultos em suas raízes profundas, costumamos instruí-las no conhecimento das coisas e de nós mesmos por meio de ações externas e de certos gestos. Assim, quando as despertamos, colocamos para dormir, mostramos algo ou sorrimos para elas, pretendemos

A escola da infância

com tudo isso que elas olhem para nós, sorriam, estendam os braços, tomem de nós o que lhes oferecemos. Desta maneira, aprendemos a nos entender primeiro através de gestos e depois com a ajuda das palavras, do mesmo modo que procedemos com os surdos. Digo pois que a criança pode, já no primeiro e no segundo ano de vida, aprender o que significa uma testa enrugada ou não, o significado de fazer ameaças com o dedo, acenar a cabeça afirmativa ou negativamente etc., que é o fundamento da ação retórica.

6. Por volta do terceiro ano as crianças começam a entender e imitar *figuras* retóricas, às vezes perguntando, outras vezes se admirando e às vezes ficando em silêncio durante um relato. Enquanto ainda estão aprendendo o significado adequado das palavras, pouco podem saber sobre *tropos*. Pelo quinto ou sexto ano ouvirão algo disso de seus coetâneos ou de suas amas sem compreender. Não há nenhuma vergonha em não reconhecer e entender isso, pois terão ainda muito tempo para se inteirar dessas coisas (os ornamentos da palavra). Falo disso somente para mostrar que as raízes de todas as ciências e artes surgem em cada criança (mesmo que não atentemos vulgarmente para isso) na mais tenra idade e que não é nem impossível e nem difícil edificar tudo nesses fundamentos, desde que ajamos racionalmente com criaturas que também são racionais.

7. O mesmo se pode dizer da *poesia* (que liga e arruma as palavras com ritmo e métrica). Seus princípios fluem com as primeiras palavras, pois tão logo a criança começa a entender as palavras, começa também a gostar do ritmo e da melodia. Por isso as amas, quando a criança chora, porque caiu ou se machucou, consolam-na com estes ou semelhantes ritmos: *Meu queridinho, bonitinho, por onde andaste? O que de lá trouxeste? Se*

sentada quietinha ficasses, não terias essa feridinha... Isso agrada tanto às crianças que elas não só facilmente se acalmam, mas até riem. Costuma-se também acompanhar essa canção ou semelhantes batendo com as palmas da mão...

8. No terceiro e no quarto ano será bom aumentar o número desses ritmos que as amas cantam para as crianças como brincadeira, nem tanto para prevenir o choro, mas para que os guardem na memória, para seu benefício futuro. Por exemplo:

> *Dorme, neném*
> *Se não a cuca vem*
> *Papai foi pra roça*
> *Mamãe logo vem.*

No quarto, no quinto e no sexto ano as crianças assimilam mais poesia memorizando pequenos versos sagrados, de que falarei mais adiante quando tratar do exercício da piedade (Capítulo X). Embora nessa idade ainda não compreendam o que é ritmo ou verso, aprenderão a discriminar entre poesia e prosa e, quando chegar o tempo de lhes explicar isso na escola, se sentirão gratas por já lhes terem ensinado algum dia o que compreendem melhor naquele momento. Portanto, nisto consiste a poética para as crianças: conhecer algumas canções e poemas, para que possam compreender o que é ritmo ou poesia, e o que é simplesmente prosa. Isso tudo é o quanto basta para que as crianças até 6 anos de idade se exercitem na eloquência.

Capítulo IX
Como preparar a juventude
para os bons costumes e virtudes

1. No quarto capítulo enumerei as virtudes externas nas quais é preciso formar a juventude em seus primeiros anos. Agora vou mostrar *o modo de fazer isso adequada e prudentemente.* Se alguém me perguntar: *Como se podem preparar crianças em tenra idade para esses atributos tão sérios?* Respondo: Assim como é muito mais fácil envergar uma árvore ainda nova antes que cresça e se torne adulta, da mesma maneira pode-se rapidamente formar a juventude em seus primeiros anos de infância, em vez de mais tarde, para tudo que é bom, desde que se usem apenas meios legítimos, que são:

I) *constante exemplo de virtude;*

II) *informação e exercício prudentes e oportunos;*

III) *disciplina regulada.*

2. É preciso que os meninos tenham perante si exemplos bons e constantes, pois (como está bem demonstrado na *Didática magna*)[1] Deus dotou as crianças de uma índole imitativa:

---

1 Comenius, *Didática magna*, Capítulo XXIII, "Método para ensinar a moral". (N. T.)

tudo que elas veem os outros fazerem, elas querem copiar. Se quisermos nos prevenir para que um menino não fique desocupado, basta começarmos a falar ou fazer algo em sua presença e logo o veremos tentando nos imitar, o que é constantemente confirmado pela experiência. Por isso em casa, onde estão as crianças, é preciso cuidar com esmero para que não aconteça nada contrário à virtude, agindo todos com moderação, asseio, respeito, tolerância mútua, sinceridade etc. Se formos assim diligentes, com certeza não serão necessárias muitas palavras para instruí-las e nem repreensões para trazê-las à ordem. Tão logo ficam adultas, não é de se admirar que as pessoas frequentemente se esqueçam de que as crianças imitam aquilo que veem nos outros e se excedam, pois também os discípulos *começam pelo erro* e nossa natureza está, por si mesma, inclinada ao mal.

3. Todavia, deve-se acrescentar informações prudentes em momentos oportunos. Uma ocasião adequada para ensinar-lhes com palavras ocorre quando observamos que os exemplos não dão resultados suficientes ou que os meninos não conseguem imitar o exemplo dos outros. Nesses momentos, podemos adverti-los da seguinte maneira para que ajam convenientemente: *Olhe como eu faço, como papai e mamãe fazem isso! Não faça assim, tenha vergonha! Comportando-se dessa maneira você nunca será um jovem decente. Assim agem os mendigos, brutos, porcos*; e assim por diante ou outras advertências semelhantes. O emprego de admoestações prolixas ou discursos extensos acerca de qualquer tema não faz nenhum efeito e as crianças não ganham nada com isso.

4. Algumas vezes serão necessárias repreensões para que os exemplos de virtude e as advertências sejam efetivas. Na verdade, são dois os graus de disciplina. Primeiro, *levantar a voz para um menino que fez algo indigno*. Não de modo que ele fique

apavorado, mas prudentemente, para que se preocupe e tome consciência. Às vezes, pode-se ameaçá-lo severamente a ponto de deixá-lo envergonhado, imediatamente após uma advertência, para que aquilo nunca mais se repita. Porém, logo que se perceber melhoras, será bom, prontamente ou um pouco depois, elogiá-lo pela mudança. Elogios e advertências bem aplicados trazem muitos benefícios não só para os pequenos, mas também para os grandes. Se por acaso esse primeiro grau de disciplina for ineficaz, o segundo consistirá em *açoitar com varas ou dar palmadas* para que os meninos não se esqueçam e cuidem melhor de si.

5. A esse respeito, não posso aqui deixar de censurar severamente o afeto simiesco e asinino de certos pais para com seus filhos: fecham os olhos para tudo e deixam-nos crescer sem nenhuma disciplina e correção. Toleram e perdoam todo tipo de desatino que eles cometem: correr em todas as direções, gritar, esbravejar, chorar sem nenhum motivo, responder atrevidamente aos mais velhos, ficar irado, mostrar a língua para os outros, agindo como se tivessem licença para isso. *Crianças*, dizem, *não devem ser contrariadas, pois elas ainda não entendem isso!* Mas és tu que estás agindo como criança estúpida! Pois se percebes que há algum problema com a inteligência da criança, por que não cuidas disso? Com efeito, ela não nasceu para tornar-se bezerro ou burro, mas para ser uma criatura racional. Por acaso ignoras o que dizem as Escrituras? *A idiotice está ligada ao coração do jovem, mas a vara da disciplina o livrará* (Provérbios 22, 15). Por que preferes que ela permaneça em sua ignorância natural ao invés de livrar-se dela no tempo oportuno por força da santa e salutar disciplina? Não digas a ti mesmo que a criança não entende. Se ela sabe fazer coisas petulantes como ficar brava,

enfurecer-se, brigar, inflar as bochechas, xingar os outros etc., certamente saberá também o que é uma vara e para que serve. Não foi a criança que perdeu a razão, mas tu, homem imprudente, pois não compreendes e não queres compreender o que serve melhor para a saúde e a tranquilidade de ti e do teu filho. Donde provém o fato de grande parte das crianças acabar se rebelando contra seus pais, afligindo-os de várias maneiras, senão porque eles não as acostumaram a respeitá-los?

6. Totalmente verdadeiro é o ditado: *quem passa a mocidade sem disciplina, sem virtude envelhece*. Pois precisam se cumprir as palavras da Escritura que asseveram: *A vara e a repreensão dão sabedoria, mas o jovem deixado a si mesmo envergonha sua mãe* (Provérbios 29, 15). Por isso, no mesmo lugar aconselha a sabedoria de Deus: *Corrige o teu filho, e ele te dará descanso, trará delícias para ti* (Provérbios 29, 17). Se os pais não aceitam esses conselhos, não receberão de seus filhos prazer e tranquilidade, mas desonra, vergonha, aflição e angústia. Ouvem-se com frequência queixas dos pais: *Meus filhos são maus e desobedientes, um deixou a fé, outro é esbanjador, glutão, atrevido*, e outras reclamações parecidas. E porque te admiras amigo, se colhes o que semeaste? Plantaste em sua alma a licenciosidade e queres colher os frutos da disciplina? Pode-se mostrar isso com um caso semelhante: a planta que não foi enxertada não dá frutos do enxerto. Para isso, será necessário agir quando a árvore estiver tenra para enxertá-la, envergá-la e endireitá-la novamente, para que não cresça torta etc. Como cada vez mais gente negligencia a disciplina, não é de se admirar que por todo lugar a juventude cresça petulante, cruel, ímpia, provocando Deus e entristecendo os devotos. O juízo prudente de um homem sábio afirma: *Crianças, ainda que pareçam anjos, também precisam da vara*. Não levou o próprio Eli

A escola da infância

uma vida digna? Não deu ele dignos conselhos a seus filhos? (1 Samuel 2, 24). Mas porque se absteve de uma disciplina efetiva, deixou-se vencer pelo mal e, por causa de sua brandura, atraiu muitos infortúnios para si e a ira de Deus para sua casa, provocando o extermínio total de sua estirpe (1 Samuel 2, 29 e ss.; 3, 13 e 14). O doutor Geylerus (célebre pastor da igreja de Estrasburgo por dois séculos) traçou este retrato emblemático dos pais: enquanto as crianças arrancam os cabelos da cabeça, golpeiam-se com facas, o pai assiste a tudo com uma venda nos olhos.

7. Até aqui tratei de generalidades, agora ensinarei como se pode inculcar na juventude, com decoro, prudência e facilidade, cada uma das virtudes superiores.

8. A *moderação* e a *frugalidade* reivindicam o primeiro lugar, pois são os fundamentos da saúde e da vida, quando não a mãe de todas as outras virtudes. As crianças assimilam essas virtudes quando se lhes der tanto de comida, bebida e sono quanto demandar a natureza. Graças a isso, justamente, outros animais, que comem estritamente segundo a natureza, são mais frugais do que nós. Dessa maneira, as crianças deveriam somente comer, beber e dormir quando a natureza as incitar a isso, ou seja, quando as apertar a fome, a sede ou o sono. É uma loucura deixá-las comer, beber, dormir sem que haja necessidade e, mais ainda, dar-lhes de comer, beber ou colocá-las para dormir contra sua vontade: basta oferecer-lhes tais coisas de acordo com a natureza. É preciso também tomar cuidado para não estragar seu paladar com inúteis petiscos e guloseimas. Essas comidas são veículos de gordura, que assim é ingerida acima de sua necessidade, enganando o estômago, e é um verdadeiro estímulo à luxúria. Embora nada impeça que

às vezes se ofereça aos meninos algo mais saboroso, fazer dos doces uma refeição é muito prejudicial à saúde (conforme o quinto capítulo) e também aos bons costumes.

9. Desde o primeiro ano pode-se abrir o caminho para o *asseio*, mantendo o bebê sempre bem limpo. As amas, se a razão não lhes faltar, saberão como fazer isso. No segundo, no terceiro e nos anos seguintes, é conveniente ensinar as crianças a se alimentar com decoro, não enfiar os dedos na gordura, não espalhar comida e se sujar, não fazer ruído ao mastigar (sem mover porcamente os lábios), não mostrar a língua etc. E beber sem sofreguidão, sem lamber e sem derramar o líquido sobre si mesmas. Deve-se também exigir asseio no vestir para que não arrastem as roupas no chão, não as manchem e sujem de propósito; que isso seja tão comum entre os meninos é compreensível por sua falta de prudência, porém será negligência dos pais se eles forem coniventes com isso.

10. O *respeito aos mais velhos* é facilmente adquirido pelas crianças ao verem que eles cuidam diligentemente de si e que delas se ocupam. Portanto, se você adverte um menino muitas vezes, o castiga e o repreende frequentemente, não se preocupe, pois ele o respeitará. Todavia, se você tudo lhe permite, como fazem os que amam excessivamente os meninos, com certeza ele há de viver na petulância e obstinação. *Amar os filhos é natural, disfarçar esse amor é prudência.* Em um juízo perfeito, o Sirácida deixou escrito: *Cavalo não domado torna-se intratável, filho entregue a si mesmo torna-se atrevido. Mima teu filho e ficarás estupefato, brinca com ele e ele te fará chorar. Não rias com ele se não quiseres chorar com ele: acabarás por ranger os dentes* (Eclesiástico 30, 8-10). É melhor refrear os filhos no temor e na disciplina que revelar-lhes as entranhas de seu amor, abrindo-lhes o caminho para a petulância e a de-

A escola da infância

sobediência. Também é bom deixar que outros repreendam os filhos, para que se acostumem, aonde quer que estejam (e não somente na presença dos pais), a responder por si mesmos e assim enraizar em seu coração a estima e o respeito para com todos os homens. Por isso agem sem tato e de maneira imprudente aqueles que não deixam ninguém, nem de esguelha, observar os seus filhos. Se alguém lhes falar algo ou os advertir, agirão como se estivessem na presença de seus defensores. E então o sangue quente, como montado a cavalo, fará despertar a liberdade e a altivez. Disso é preciso se acautelar.

11. *Com todo o empenho deve-se preparar a juventude para a obediência cotidiana*, pois ela servirá depois como alicerce das grandes virtudes, uma vez que consigam dominar sua vontade e respeitar a dos outros. Não deixamos crescer à vontade a planta novinha, mas a amarramos a uma estaca, para que facilmente se endireite e ganhe força. Daí a verdade das palavras de Terêncio, *a liberalidade nos torna a todos piores*. Todas as vezes que o pai ou a mãe disser para a criança: *Não mexa nisso! Senta! Passe a faca! Me dê isto ou aquilo* etc., que aprenda a cumprir imediatamente a ordem. Se a criança ainda demonstrar alguma obstinação, pode-se facilmente emendá-la elevando a voz ou castigando-a com moderação.

12. Lemos que *os persas* davam a maior importância à *moderação* e à *sinceridade* na formação das crianças. Não sem razão, pois a falsidade e a hipocrisia tornam o homem detestável diante de Deus e dos homens. *Mentir é um vício servil e merece a condenação de todos*, afirma Plutarco e as Escrituras de Deus testemunham: *abominação para Iahweh são os lábios mentirosos* (Provérbios 12, 22). É preciso, pois, obrigar as crianças a não permitir que seus lábios neguem qualquer fato, mas relatem tudo humildemente

e não falem aquilo que não aconteceu. Por causa disso, Platão desaconselha que se contem na presença de crianças fábulas e fatos fictícios e quer conduzi-los de imediato para as coisas sérias. Não entendo como possa se aprovar o fato de algumas pessoas ensinarem as crianças a imputar aos outros a culpa pelos delitos cometidos, encontrando nisso motivo de alegria e ocasião para zombaria. A quem, senão às crianças, isso é prejudicial? Se elas se acostumarem a trocar a mentira pela zombaria, se familiarizarão com a própria mentira.

13. *A falta de honestidade em desejar o que é dos outros não aflige ainda os que estão nessa tenra idade*, a não ser que sejam corrompidos pelas próprias amas ou por quem cuida dos filhos. Isso ocorre se, na presença das crianças, alguém pega algo que não lhe pertence e esconde, recolhe o que é dos outros ou guarda comida clandestinamente. Se isso for feito por brincadeira ou seriamente, não importa, de qualquer maneira as crianças vão imitar o que viram. A esse respeito, são verdadeiros macaquinhos: tudo que veem querem fazer do mesmo jeito. Por isso é necessário que as amas e aqueles que cuidam das crianças ajam com a máxima cautela em sua presença.

14. A *bondade e a solicitude* para com os outros podem ser ensinadas gradualmente às crianças já nesses primeiros anos, fazendo-as observar como os pais distribuem esmolas para os pobres ou fazendo com que elas mesmas as levem. Da mesma forma, ocasionalmente se pode fazer com que repartam com o outro algo que possuem, elogiando-as depois que o fizerem.

15. Os antigos pais da Igreja costumavam dizer, com muita propriedade, que *o ócio é o travesseiro do diabo*. Pois quando o diabo encontra alguém sem fazer nada, ele mesmo trata de ocupá-lo, primeiro com maus pensamentos, depois com atos vergonho-

A escola da infância

sos. Por isso é prudente que não se permita que a criança se entregue à ociosidade, justamente fazendo que ela realize atividades assiduamente, fechando-lhe assim o caminho das piores tentações. Penso em atividades que não pesam nos ombros das crianças, pois tais práticas não são nada mais (e não poderiam ser outra coisa) que simplesmente jogos. *É melhor brincar do que ficar sem fazer nada, pois brincando a mente está sempre dirigida para algo e pode assim aprimorar alguma habilidade.* Dessa forma, sem nenhuma dificuldade, as crianças podem se exercitar para uma vida ativa, pois sua própria natureza as estimula a agir. Mas, sobre isso, eu já falei antes (Capítulo VII).

16. Enquanto as crianças aprendem a falar, deixem-nas falar aquilo de que gostam e tagarelar até não mais poder. Quando elas dominarem melhor a fala, será de suma utilidade que aprendam *a se calar*. Não como se parecessem estátuas, mas imagens racionais. *Quem desdenha o silêncio*, afirma Plutarco, *tem a mente pouco sadia*. Daí ser o silêncio prudente o começo da grande sabedoria. Com certeza, ninguém que ficou calado se feriu, mas muitos males sucederam aos que falaram. Mesmo que se possam evitar esses males, como um e outro (falar e calar) constituirão o fundamento e o ornamento de nossa conversação por toda nossa vida, é preciso que eles estejam constantemente unidos para que nos habituemos com ambos ao mesmo tempo. *Em consequência, os pais devem acostumar os filhos a manter silêncio, primeiro,* para que fiquem quietos por ocasião das orações e ofícios divinos (seja em casa, seja na igreja), não permitindo nenhuma conversa, grito, ruído. As crianças precisam aprender também a silenciosamente atender as ordens de seu pai ou de sua mãe. *O outro lado do silêncio é o falar pensado*: antes de começar a falar ou responder a uma pergunta, reflitam sobre o que é razoável dizer. É estupi-

dez falar a primeira coisa que venha à boca e nem convém que assim ajam aqueles que queremos que cresçam como criaturas inteligentes. Que os pais previdentes se esforcem em cuidar disso, como sempre repito, de acordo com a idade da criança.

17. A criança pode adquirir *o hábito da paciência* desde que se evite excessiva brandura e demasiada indulgência. Em algumas crianças, já no primeiro e no segundo ano, começam a aparecer inclinações para o mal, as quais é melhor extirpar logo como se faz com a erva daninha. Por exemplo, um obstinado e pertinaz, que se esforça por obter com gritos e choros tudo que deseja. Outro demonstra sua raiva, maldade, desejo de vingança, mordendo, chutando, despedaçando tudo de vários modos. Como esses sentimentos não são naturais e surgem como ervas daninhas, os pais e as amas estão com toda a razão ao arrancá-los pela raiz. É facílimo e muito vantajoso fazer isso logo na primeira idade em vez de mais tarde, quando as más raízes se aprofundaram. Vazias são as palavras de quem diz (às vezes solenemente), *é uma criança, não entende!* Já demonstrei antes que os que assim falam perderam a razão. Não há dúvida de que não podemos arrancar as plantas inúteis tão logo elas brotam da terra, porque não sabemos ainda distingui-las das que plantamos, e nem pegá-las facilmente com a mão. Contudo, também é certo que não podemos esperar até que amadureçam, quando a urtiga queima mais, a erva daninha grassa mais e as plantas úteis desaparecem sufocadas. Além disso, quando formos arrancá-las, já estarão bem enraizadas e a força que fizermos pode, muitas vezes, fazer com que venham junto as raízes vizinhas, arrancando tudo. Por isso, tão logo percebas alguma espécie de erva daninha, extirpa-a imediatamente e a verdadeira plantação surgirá com alegria. Se vires que a criança

A escola da infância

come mais do que o necessário, se se enche de mel, de açúcar ou de quaisquer frutas, sejas mais sábio do que ela não permitindo que faça isso; afaste-a dali, ocupe-a com qualquer outra coisa e não se preocupe com o choro: quando chorar o suficiente, parará de chorar e se desacostumará daquilo para seu benefício futuro. De modo semelhante, se ela quiser alguma coisa com obstinação e insolência, não lhe dê, repreenda-a e ponha de lado aquilo que ela exigia aos gritos. Assim ela compreenderá finalmente que deve seguir a tua vontade e não os próprios caprichos. Uma criança de 2 anos já é suficientemente madura para tal aprendizado. Com esses cuidados, nem importunas a criança e nem ela fica com raiva, e ainda abres o caminho para que ela não despreze teus conselhos e repreensões.

18. *Não dá muito trabalho acostumar as crianças a serem prestativas e amáveis*, pois na maior parte das vezes elas apreendem isso por si só: basta não as atrapalhar e, eventualmente, ensinar como se deve agir com prudência. O pai ou a mãe, pessoalmente ou através de um serviçal, podem de quando em quando solicitar-lhes alguma demanda: *Meu menino, dê-me isto; traga-me aquilo; ponha isto na mesa; vá chamar a Joaninha; diga para a Aninha vir até aqui; dê uma moeda para esse menino; corra até sua avó, deseje-lhe em meu nome um bom dia e diga que quero saber como vai sua saúde; apresse-se e volte logo* etc., sempre de acordo com a idade. *É preciso também inculcar-lhes vivacidade e agilidade*, de modo que quando nos lhes pedirmos algo, o façam o mais rápido possível, deixando de lado os brinquedos e todas as outras atividades. Apreender desde a mais tenra idade a estar à disposição dos mais velhos será no futuro a melhor qualidade das crianças.

19. Os pais podem brindar as crianças com *boas maneiras*, tanto quanto eles mesmos sabem e, portanto, são aqui dispen-

sáveis quaisquer instruções particulares. Amável é a criança que se conduz com gentileza e respeito para com seus pais e embora isso seja inato para certas crianças, não podemos negligenciar que outras precisam nisso ser preparadas.

20. Finalmente, *para que a afabilidade e a meiguice não sejam irracionais*, precisam ser temperadas com a modéstia e a seriedade. É o caso do burro, a quem se refere a fábula que, ao ver um pequeno cão acariciar o dono com o rabo e pular no seu colo quis fazer o mesmo (pois o carinho do burro é burro) e recebeu gratuitamente umas bastonadas. Pode-se contar essa historieta para que as crianças memorizem o que convém a cada um.

21. Tão logo a criança saiba o que é ou não conveniente, deve-se formar seus gestos e movimentos, tais como: sentar direito, ficar ereto, andar com elegância sem curvar os membros, vacilar ou balançar. Se quiser algo, de que modo pedir; se recebeu algo, de que modo agradecer; se encontrar alguém, como saudá-lo; se saúda, como dobrar os joelhos ou estender a mão direita; se está falando com os mais velhos, como descobrir a cabeça e dispor as mãos etc. E muitas outras coisas pertinentes aos bons e honestos costumes sobre os quais me estenderei em outro lugar.[2] Aqui foi necessária certa seleção.

---

2 Comenius está se referindo às suas *Regras de conduta para uso da juventude*. (N. T.)

Capítulo X
Como exercitar os filhos na piedade

1. *Não desejes uma descendência numerosa e inútil, nem te alegres com os filhos ímpios. Ainda que se multipliquem, não te alegres se neles não existe o temor do Senhor. Não contes com eles para vida longa, não esperes que eles durem, pois tu gemerás com luto prematuro, de repente conhecerás seu fim. Sim, é melhor um só do que mil, e morrer sem filho do que ter filhos ímpios,* afirma o sábio Sirácida (Eclesiástico 16, 1-3). Portanto, antes de tudo, os pais devem cuidar para que seus filhos sejam imbuídos da verdadeira piedade e não da falsa, da piedade interna e não da externa. Sem tal piedade, o conhecimento e os costumes, por mais apurados que sejam, fazem mais mal do que bem, do mesmo modo que a faca, a espada e o machado na mão de um louco são tanto mais perigosos quanto mais afiados estiverem.

2. Em torno do primeiro e do segundo ano de vida das crianças, devido à tenra idade e principalmente porque o uso da razão ainda se encontra profundamente enraizado, pouco se pode fazer nesse assunto além do que Deus já efetuou através da natureza e de sua graça interior: o que se pode fazer é cumprir na presença delas nossas obrigações e cooperar sempre, com toda nossa força, com Deus e a natureza, para assentar

os princípios da piedade. Conquanto não possamos ensinar piedade aos recém-nascidos, podemos em vez disso aprimorá--la sendo piedosos com eles, lançando neles os alicerces da piedade por meio de preces ao santo batizado Cristo Redentor e rogando por eles ao douto Espírito Santo.

3. Logo que os pais sentirem que Deus quer lhes dar um filho, exprimirão calorosos pedidos a Deus para que bendiga e santifique sua progênie, pois atestam as Escrituras que *quem se tornará santo, desde o ventre materno será escolhido e santificado* (Jeremias 1, 5; Salmos 22, 11; Isaías 49, 1). Essas preces devem ser proferidas diária e piedosamente pela matrona grávida e pelo pai, sem interrupção durante todo o tempo de gestação, para que sua prole sinta o temor de Deus já em seu ventre (ver a esse respeito, no Capítulo V, a oração da matrona grávida: *Deus todo poderoso* etc.).

4. Uma vez que Deus permita que sua dádiva saia das trevas e venha à luz, os pais (como ensina um dos mais piedosos teólogos), em honra das mãos de Deus, as quais ali há pouco deixaram sua criação, devem saudar o novo hóspede deste mundo, acolhendo-o com beijos. Certa é a declaração da santa mãe daqueles macabeus, de que não sabemos como a criança é concebida em nosso ventre, nem como lhe damos uma alma, nem como formamos sua vida ou os membros de seu corpo, mas sabemos que é o Criador do mundo que produz a espécie humana etc. (2 Macabeus 7, 22).

5. E que, ao ver o fruto do ventre vivo, com todos os membros do corpo saudáveis, humildemente rendam graças ao magnânimo doador e orem fervorosamente para que seus santos anjos o protejam de toda ofensa e que receba a bênção celeste para ter uma próspera educação.

A escola da infância

6. Através do batismo providenciarão em seguida a devolução a Deus do que Ele lhes deu, orando ardentemente para que Deus clementíssimo reconheça ser sua criação digna de salvação em Cristo e o Espírito Santo o presenteie com o sinal da salvação, tornando-o digno de seu amor. Também prometerão piamente que, se Deus lhe der vida e saúde, eles o afastarão de todas as vaidades do mundo, da corrupção da carne, e que o educarão piedosamente para a glória de Deus. Foi dessa maneira que Anna, através de preces fervorosas a Deus, antes da concepção, depois da concepção e após o nascimento, conseguiu a bênção divina para seu filho Samuel. Pois não é fácil para a misericórdia divina repelir o que lhe foi consagrado com humildade e fervor. Pelo contrário, se os pais, mesmo os devotos, são negligentes nesses assuntos, Deus lhes dará filhos desobedientes, para lhes fazer ver que essa dádiva somente Deus pode dar.

7. A preparação eficaz das crianças na piedade pode começar no segundo ano de vida, quando sua razão, como uma pequena flor, desabrochar e começar a distinguir as coisas. Então logo a língua ganha mobilidade e as crianças tentam pronunciar articuladamente as palavras, as pernas ganham força e se preparam para correr. Nesse momento não faltarão oportunidades para, paulatina e gradualmente, exercitá-los na piedade. A seguir, mostro como fazer isso.

8. *Primeiro*, quando os filhos mais velhos orarem ou cantarem antes e depois das refeições, habitue as crianças a fazer silêncio, a ficar quietas sentadas ou em pé, a ter as mãos postas e mantê-las assim. Elas se acostumarão rapidamente a isso se os outros se anteciparem a elas, dando-lhes sempre bom exemplo, mantendo as mãos postas nessa hora.

Jan Amos Comenius

9. *Segundo*, para que fluam de seus lábios palavras em louvor de Deus, ensine-as a dobrar os joelhos, juntar as mãos, olhar para cima e recitar pequenas preces, especialmente esta brevíssima prece: Deus Pai, tenha piedade de mim, teu próprio filho, nosso Senhor Jesus Cristo, amém. Em um ou dois meses faça-as gravar na memória o *Pai-Nosso*, não de uma vez, mas começando pela primeira súplica durante uma semana; diariamente, de manhã e à tarde, faça com que a repitam uma ou duas vezes. (Pois o que mais tem de fazer a ama?) Será útil também, conforme a razão da criança for progredindo, acostumá-la a, toda que vez que pedir comida, primeiro dizer sua pequena prece. E quando a língua e a memória da criança dominarem a primeira súplica, passa-se para a segunda, fazendo com que a repita novamente por duas semanas. Depois se adiciona a terceira e assim por diante até o fim. Dessa maneira, reterá mais facilmente para si o *Pai-Nosso* do que se o rezarmos com ela na íntegra: ainda que a obriguemos a isso por dois ou três anos, mesmo assim não o memorizará corretamente.

10. *Terceiro*, pode-se às vezes apontar para o céu com o dedo, mostrando para a criança que ali se encontra Deus, que tudo criou e que, graças a Ele, temos comida, bebida e roupa. Então ela entenderá por que olhamos para o céu quando oramos. Podemos acrescentar a isso esta pequena oração: *Ó meu Deus, dai-me o teu temor para que eu obedeça pai e mãe e esteja satisfeito com tudo. Valha-me o teu Espírito Santo, para que me ensine e me ilumine, por Jesus Cristo, teu filho dileto, amém.*

11. Depois disso, será necessário inteirar a criança da *Doutrina cristã*, de modo que antes do fim do terceiro ano (ou do quarto, para as mais lentas), nela esteja calejado. Isso não será difícil se ela recitar diariamente, pela manhã e à tarde (ou antes

e depois das refeições), da seguinte forma: no primeiro mês, somente o primeiro artigo; no segundo mês, o segundo e o primeiro artigos; no terceiro mês, o terceiro, o segundo e o primeiro artigos etc. Toda vez que a criança começar um novo artigo, pode-se repeti-lo depois das preces pelo tempo necessário para que ela conheça bem as palavras. Pode-se permitir, depois das orações realizadas de joelhos, que as crianças se levantem para recitar a Doutrina, para que se acostumem a distinguir o que são e o que não são preces.

12. Agora também *será tempo de falar de Deus de toda maneira*, para que ao ouvirem frequentemente o nome de Deus amiúde ser mencionado, se acostumem a respeitá-lo, venerá-lo e amá-lo. Nisso as crianças serão conduzidas de acordo com suas capacidades. Por exemplo, mostrando-lhes o céu, *Deus mora lá*; mostrando o Sol, *Com ele, Deus nos ilumina*; quando troveja, *Assim Deus se zanga com os maus* etc., prometendo-lhes que se rezarem com prazer, obedecerem pai e mãe, Deus lhes dará as mais lindas vestimentas e, caso contrário, acabará com eles. E ao dar-lhes uma roupa nova, um almoço ou outra coisa que lhes agrade, diga-lhes: *Isto é Deus que lhes dá*. Caso vejam um cadáver ou acompanhem um enterro, mostrem-lhes o animal morto ou a terra derramada na tumba, dizendo: *Deus o matou porque era mau* etc., tudo isso para instilar-lhes continuamente na mente a lembrança de Deus.

13. *Se o que aqui escrevemos parecer pueril a alguém*, dizemos: *com certeza que sim*. Pois se trata aqui de assuntos referentes às crianças e não se poderia falar disso a não ser de modo infantil. O próprio Deus fala a sua Palavra com nós adultos nesta vida como se fôssemos crianças, pois de fato entendemos as coisas divinas e celestes como crianças, de acordo com nossa

Jan Amos Comenius

capacidade e não como elas realmente são (I Coríntios 13, 11). Se Deus se abaixa até nossa debilidade, por que nós não haveríamos de aceder à ingenuidade de nossas crianças?

14. Uma vez que tenham aprendido a Doutrina cristã, introduza as crianças no *Decálogo* da mesma forma que fizemos com as orações, isto é, não de uma só vez (para não embotar a inteligência nem enfraquecer a memória), mas por partes. Por exemplo, o primeiro mandamento diariamente, após as refeições e à tarde, durante uma semana. Depois, acrescentar o segundo mandamento (que é um pouco mais longo) por duas ou três semanas, o terceiro por duas semanas, o quarto por duas ou três semanas, o quinto por duas semanas. O sexto, sétimo, oitavo e nono são introduzidos juntos, no espaço de duas semanas. Finalmente, depois de introduzido o décimo mandamento, deve-se repetir cotidianamente todo o Decálogo, claramente e separado das preces. Quando o menino já recita sozinho, o pai, a mãe, a ama ou uma pessoa para isso destinada deve corrigir seus erros e ajudá-lo em suas hesitações. Não menos atenção deve-se dar aos seus gestos, não permitindo que ele fique olhando para cá e para lá, se agite, movimente as mãos, para que assim se familiarize com tudo que é próprio das devoções. É necessário instruí-los, incitá-los, com intimações e advertências, obrigá-los às vezes com o uso da vara ou negando-lhes a refeição da manhã. Previna-os antes das preces ou mesmo quando estão orando. Apenas comecem a brincar, castigue-os, imediatamente durante a prece ou quando ela acabar, para que compreendam por que se fez isso. Isso tem que ser feito com muita prudência, para que o menino não comece por desprezar as coisas sagradas e sim para que possa amá-las muito.

A escola da infância

15. No quinto ano, para exercitar a piedade, deve-se introduzir uma oração vespertina. Por exemplo: *Dou graças a ti, meu Pai celeste, através de teu filho dileto, Jesus Cristo, por ter cuidado graciosamente de mim neste dia com tua bondade. Rogo a ti para que tenhas a bondade de perdoar todos meus pecados que perpetrei injustamente. Deseje--me que eu conserve tua graça benigna esta noite, pois deixo em tuas mãos meu corpo e minha alma e tudo que é meu. Que teus santos anjos estejam comigo para que o diabo não consiga nada de mim, amém. Pai nosso* etc.

16. Quando aprenderem essa oração, acrescente uma matutina, que pode ser assim: *Dou graças a ti, meu Pai celeste, através de teu filho dileto, Jesus Cristo, por me ter preservado esta noite de todos os transtornos. Peço-te que tenhas a bondade de livrar-me neste dia do pecado e de todos os males, que te agradem todas as minhas ações assim como toda minha vida, pois deixo em tuas mãos meu corpo e minha alma e tudo que é meu. Que teus santos anjos estejam comigo para que o diabo não consiga nada de mim, amém. Pai nosso* etc.

17. *Bênçãos e agradecimentos à mesa* certamente aprenderão bem devido à repetição diária. Além disso, no quinto e no sexto ano deveríamos cantar com eles alguns versículos, como foi dito no Capítulo VII a respeito da música.

18. Para não perturbar o enraizamento da piedade no coração das crianças, será bom e extremamente necessário nessa idade protegê-las do mal: é preciso tomar todo cuidado para que nenhuma maldade ou sujeira, penetrando através dos olhos ou ouvidos das crianças, contaminem suas mentes. Como a esse respeito testemunha Salomão: *O primeiro que se defende tem razão, até que chegue outro e o conteste* (Provérbios 18, 17) e como dizem os juristas: *O que não é de ninguém, será de quem pegar primeiro;* também é uma verdade eterna que *as primeiras impressões gravam--se com mais força em nossa mente.* De modo que, o que primeiro

se apresentar às crianças nessa tenra idade (seja bom ou mau) fica gravado profundamente por toda sua vida e não se deixa apagar pelas impressões seguintes.

19. Em juízo, o acusado certamente pode até levar a um justo esclarecimento de sua causa, se um juiz mais bem informado refutar (esmaecendo as cores) os argumentos de seus acusadores. O juiz, porque tem idade e juízo maduros, decide a questão conforme a parte que – seja antes, seja depois – melhor o convencer em seu pronunciamento, e a outra parte deve se render aos argumentos. Mas a inteligência ainda não formada da tenra idade tem a forma de cera: qualquer impressão fica nela gravada enquanto estiver mole e, quando endurecer, essa impressão permanece nela retida de tal forma que não se pode lhe imprimir outra, a não ser com dificuldade e violência e, mesmo assim, apenas grosseiramente. Todavia, existe uma diferença muito grande entre eles: a cera pode ser amolecida com o fogo, destruindo assim a impressão original, enquanto o cérebro não pode ser forçado de nenhum modo a se livrar daquilo que uma vez recebeu. Não é possível, afirmo, imaginar nenhuma arte, nenhum método, graças ao qual o homem possa apagar uma impressão que teve, mesmo que ele queira e muito menos se alguém mandar. Da mesma forma, Temístocles com razão almejava possuir a arte do esquecimento em vez da lembrança, pois a força natural de nossa memória prontamente guarda o que apreende, mas dificilmente permite que lhe arrebatem algo.

20. Portanto, nada demandará mais cuidado por parte dos pais (se os filhos estiverem em seu coração), do que formá-los em todas as coisas boas e proibir-lhes o acesso às coisas más, vivendo digna e piedosamente e exigindo o mesmo de todos

A escola da infância

os seus familiares. Por isso clama Jesus: *Ai de quem escandalizar um desses pequeninos* (Mateus 18, 6), e Juvenal, legítimo pagão, deixou estas palavras:

> *O menino merece a maior consideração,*
> *Se planejas algo torpe, não menosprezes a sua idade,*
> *Mas se queres pecar, despreza teu filho pequeno.*

Capítulo XI
Quanto tempo os filhos devem permanecer na escola materna

1. Do mesmo modo que transplantamos para o pomar as plantinhas depois que as sementes brotam, para que cresçam melhor e frutifiquem, também as crianças nutridas no seio materno, com a mente e o corpo reforçados, devem ser entregues ao cuidado de professores para que cresçam tranquilamente. Pois as árvores pequenas crescem sempre mais altas quando são transplantadas e as frutas do pomar são mais saborosas que as silvestres. Mas *quando e como* fazer isso? Não aconselho que os meninos sejam apartados do regaço materno antes dos 6 anos de idade pelas seguintes razões.

2. *Primeiro*, a criança pequena requer muito mais atenção do que aquela que lhe pode dar um professor que tem sob sua guarda uma turma de crianças. Portanto, é melhor acalentá-la no regaço materno.

3. *Segundo*, é aconselhável que o cérebro esteja bem consolidado antes da criança começar a exercer atividades e somente por volta do quinto ou sexto ano o crânio se fecha completamente, enrijecendo o cérebro. Por isso, será suficiente nessa idade ensinar o que ela possa compreender espontaneamente em casa, imperceptivelmente, quase como se fosse um jogo.

4. *Ademais*, não haveria nenhuma vantagem se fosse diferente, pois o rebento que ainda estiver tenro cresce fraco e devagar quando transplantado, enquanto o que já estiver firme cresce depressa e com mais força. O potro prematuramente amarrado à carroça se debilita, mas se lhe dermos tempo suficiente para que se desenvolva a puxará com mais força, compensando a demora.

5. *Enfim*, não há tanto retardamento em esperarmos até o sexto ou o início do sétimo ano, se não faltar à criança em casa (como mostramos anteriormente) oportunidade de se exercitar durante esses primeiros anos de vida. Assim, conforme indicado, se a criança tiver já em casa as primeiras experiências com a piedade, os bons costumes (sobretudo a reverência, a obediência e o respeito aos mais velhos), mais adiante com a sabedoria, a rapidez em fazer as coisas, a pronúncia clara das palavras, de modo nenhum será tardia a passagem dela para o ensino escolar no sexto ano.

6. Por outro lado, não é razoável manter as crianças em casa depois dos 6 anos, pois aquilo que elas têm que aprender em casa (conforme mostramos) podem tranquilamente terminar em seis anos. Se depois disso não se der logo à criança uma instrução apropriada, ela se acostumará com o ócio inútil de nada fazer e virará bicho. É preciso até mesmo ter receio de que esse ócio inútil não traga algum vício com ele, o qual, como erva daninha, será muito difícil de arrancar. Portanto, é melhor que continue sem mudança o que se começou.

7. Todavia, convém não entender de maneira rigorosa o conselho de que não se deve de maneira nenhuma colocar a criança na escola antes que complete 6 anos. Pode-se até, dependendo da índole da criança, antecipar ou prorrogar em meio ano ou

A escola da infância

um ano inteiro esse limite. Pois algumas árvores dão frutos na primavera, outras, no verão e outras ainda, no outono, as flores precoces caem cedo e vemos as tardias amadurecerem melhor, da mesma forma que os frutos prematuros são para uso imediato e não duram muito, enquanto as tardias são duradouras.

8. E se por acaso alguma inteligência (antes do sexto, quinto ou mesmo quarto ano) quer ir mais depressa, será melhor refreá-la do que deixá-la livre e muito menos a impelir. Aliás, os pais que quiserem ter um doutor antes do tempo, raramente terão um bacharel e algumas vezes terão um tolo, pois a videira que bota de uma vez galhas demasiado luxuriantes e densas certamente crescerá para o alto, mas se as raízes estiverem debilitadas, isso não durará muito. Por outro lado, há inteligências tardias com as quais apenas se pode começar algo útil no sétimo ou oitavo ano. Assim, os conselhos que aqui damos se aplicam às inteligências medianas (que é sempre a maioria). Os pais que tiverem uma criança talentosa ou embotada podem consultar o professor ou o inspetor da escola.

9. *Os sinais*, pelo quais se pode saber se as crianças têm aptidão para frequentar escolas públicas são:

a) se souber tudo que deveria saber da escola materna;
b) se demonstrar atenção e sagacidade para responder perguntas e também alguma aptidão para julgar as coisas;
c) se revelar claramente o desejo de se instruir em outras coisas.

Capítulo XII
Como os pais devem preparar seus filhos para a escola pública

1. Todos os assuntos humanos, para serem tratados propriamente, requerem reflexão e preparação adequadas. Como afirma o Sirácida, antes da prece, antes do julgamento, antes de cada palavra pronunciada, mesmo que o assunto seja bem conhecido, esteja preparado para ele (Eclesiástico 18, 20; 33, 4). Com certeza, é conveniente que criaturas racionais não façam nada sem razão e juízo, mas prudente e cuidadosamente, para que saibam de antemão o que estão fazendo e que consequências podem advir se agirem assim ou assado. Dessa maneira, os pais não podem mandar fortuitamente os filhos para se instruírem na escola sem refletir primeiro por que o estão fazendo e sem abrir os olhos das crianças para isso.

2. Agem com imprudência os pais que mandam os filhos para a escola sem qualquer preparação, como bezerros para o açougueiro ou como gado para o rebanho: o mestre da escola logo se apoquenta com eles e os atormenta quando quiser. Mas piores são aqueles que fazem do professor um horror, da escola um suplício, para finalmente obrigar os meninos a ir para lá. Isso acontece quando pais ou empregados descuidados falam

na frente dos meninos sobre os castigos na escola, a severidade dos professores, que lá não vão mais poder brincar e coisas semelhantes. *Vou te mandar para a escola*, dizem, *isto vai te domesticar: vão te surrar com a vara, espera para ver* etc. Desse modo, as crianças não se acalmam, mas tornam-se mais bravas, se desesperam e ficam com um medo servil de pais e professores.

3. Portanto, pais prudentes e devotos, tutores e curadores devem agir da seguinte forma. Primeiro, quando se aproximar o tempo de mandar os meninos para a escola, eles devem animá-los como se estivesse chegando a época da feira ou da colheita, quando eles irão para a escola com outros meninos para aprender as letras e brincar juntos. O pai ou a mãe podem também prometer-lhes lindas roupas, um boné elegante, uma tábua polida para escrever, um livro e coisas semelhantes ou mostrar-lhes de vez em quando o que está sendo preparado para eles. Mas não se deve dar essas coisas (pois assim irrompe mais e mais o desejo de tê-las), mas somente prometer, dizendo-lhes algo assim: *Reza com cuidado, filho querido, para que chegue logo o tempo de ir para a escola, seja piedoso e obediente* etc.

4. Também será bom dizer para eles como é extraordinário ir para a escola e aprender as letras. Pois dela saem os magnatas, governantes, doutores, pregadores da palavra divina, senadores etc., todos homens exímios, célebres, ricos e sábios, os quais são cercados de respeito por todos. Além disso, é muito melhor ir para a escola do que ficar em casa sem fazer nada ou correr pelas ruas, ou se adestrar num ofício etc. Explique-lhes que aprender não é trabalho, mas a mais doce brincadeira com livros e penas. E para que sintam o gosto dessa brincadeira, não custa pôr um giz em suas mãos, para que possam riscar no banco, na mesa ou na tábua de pintar, linhas e o que quiserem: vasos,

A escola da infância

cruzes, rodas, estrelas, cavalos, árvores etc. Não interessa se desenham direito ou não, mas que sintam prazer nisso. É impossível que isso não dê resultado; e dessa forma eles ainda se preparam para desenhar e distinguir as letras mais facilmente. Qualquer outra coisa que possa estimular neles o amor pela escola será bem-vinda.

5. *Além disso*, deve-se criar nos meninos amor e confiança para com seus futuros professores. Isso pode ser feito de várias maneiras: mencionando ocasionalmente quanto o professor é bondoso, chamando-o de senhor tio, compadre, vizinho; elogiando de maneira geral sua erudição, sua sabedoria, sua humanidade e benevolência; destacando sua fama, seu grande conhecimento e também que é amável com os meninos e que os ama. E que é verdade que ele castiga alguns, mas somente os sem modos e atrevidos (que são dignos de serem castigados por todos) e que nunca castiga os obedientes. Que ele lhes mostrará como fazer tudo, de que modo escrever ou recitar etc. Assim, tagarelando infantilmente com as crianças sobre essas ou semelhantes questões, os pais afastarão delas todo temor e insegurança. Então, quando diante da pergunta, *Serás obediente?*, responderem que sim, deve-se dizer, *Convença-te plenamente disso e gostarei de ti*. Depois que o menino tiver formado uma ideia de como será seu futuro instrutor, de persuadir-se de que ele realmente é assim, confirmando tudo que ouviu, o pai ou a mãe pode lhe mandar de vez em quando uma pequena lembrança através do menino (só ou acompanhado de um criado). Então o preceptor (lembrado de suas obrigações) entabulará carinhosamente uma conversa com o menino e lhe mostrará algo que ele ainda não tenha visto (livro, pintura, algum instrumento musical ou matemático, ou alguma outra coisa que

possa agradar ao menino). Algumas vezes o professor também lhe dará algo de presente, um caderno, tinta, uma moeda, açúcar, uma fruta ou algo do gênero. Que isso não seja feito às suas expensas: os pais (aos quais é feito esse favor) devem recompensá-lo ou podem previamente lhe mandar algo para essa finalidade. Com essa preparação, facilmente se consegue que o menino faça uma apreciação alegre e favorável da escola e dos professores, particularmente quando houver uma predisposição natural. E quem começar tão bem já estará na metade do caminho, pois a escola lhe parecerá uma brincadeira e nela fará progressos com prazer.

6. Uma vez que *toda sabedoria vem do Senhor, ela está junto dele desde sempre* (Eclesiástico 1, 1), *pois Ele não só mostra o caminho da Sabedoria, mas também dirige os sábios; nas suas mãos estamos nós, nossas palavras, toda a inteligência e a perícia de agir* (Sabedoria 7, 15), a própria necessidade requer que os pais novamente recomendem seus filhos a Deus com preces piedosas, pedindo-lhe para que abençoe seus exercícios na escola e faça com que sejam recipientes da graça e, se estiverem de acordo com sua bondade, instrumentos de sua glória. Com preces, Anna trouxe seu filho Samuel ao sacerdote Eli, assim Davi trouxe Salomão ao profeta Natan, assim também a mãe do mestre Huss, mártir da Boêmia, quando o levava à escola num país estranho, caiu algumas vezes de joelhos pelo caminho para rezar por ele. E a Igreja sabe quanto Deus ouviu e abençoou essas preces. Por que Deus haveria de recusar o que lhe foi dedicado de todo coração com fervor, lamentos e lágrimas (primeiro no útero materno, depois no batismo e agora novamente)? Como não receber tão santa oferenda? Isso é impossível.

7. Nesse caso, o pai ou a mãe poderá se valer desta pequena oração:

A escola da infância

Deus todo-poderoso, Criador dos espíritos e de toda carne, de quem descende toda paternidade no céu e na terra, supremo imperador dos anjos e dos homens, que estabeleceste sobre todas as criaturas tua lei e tua palavra de que todos os primeiros frutos da terra, dos animais e dos homens, a ti, Deus e Criador, seriam dados em sacrifício ou segundo tua vontade, trocados por outras vítimas! Eu, indigna criada tua (ou, indigno servo teu), agraciada pela tua bênção com o fruto do meu ventre (caso o filho seja o primogênito, primícias do meu útero), rogo a ti, Criador, Pai e Senhor clementíssimo com profunda submissão para que sejas e permaneças eternamente meu Deus e de meus filhos. Ó, quanta bondade e misericórdia é ofertada a nós crentes, que fomos tomados por todo o povo como primícias para Deus e o Cordeiro! Aceite e confirme que este fruto do meu útero, ó misericordioso Deus, esteja entre os escolhidos e encontre seu lugar entre teus santificados! E como, para que conquiste maior sabedoria, o entrego para os educadores da juventude, peço-te para que o abençoes de tal forma que o teu Espírito Santo o guie para que ele possa compreender cada vez melhor aquilo que te agrada e aprenda a seguir os teus mandamentos. O temor de ti, ó Senhor, é o começo da sabedoria. Preencha, portanto, seu coração com teu temor, ó santo Deus, esclareça-o segundo tua vontade para que sua próxima idade (se lhe concederes), possa ser para ti gloriosa, útil ao próximo e salutar para ele mesmo. Ouça-me, diletíssimo Pai, e preencha de preces teu servo (tua criada) pela intercessão de nosso mediador, Jesus Cristo, que recebeu as crianças a Ele levadas, tomou-as em seus braços e as cobriu de beijos e abraços. Pai nosso etc.

A Deus somente, louvor e glória.

Referências bibliográficas

ARIÈS, P. *História social da criança e da família*. 2.ed. Rio de Janeiro: Guanabara, 1986.

BECKOVÁ, M. On the Development of Comenius Research in Czechoslovakia since the War. In: KYRALOVÁ, M.; PRIVRATSKÁ, J. (orgs.). *Symposium Comenianum 1982*. Uherský Brod: Comenius Museum, 1984.

BÍBLIA DE JERUSALÉM. São Paulo: Paulus, 2002.

BURKE, P. Heu domine, adsunt Turcae: esboço para uma história social do latim pós-medieval. In: BURKE, P.; PORTER, R. (orgs.). *Linguagem, indivíduo e sociedade*. São Paulo: Editora Unesp, 1993.

CAGNOLATI, A. La concepción de la infancia en los textos de Comenio. In: DÁVILA, P.; NAYA, L. M. *La infancia en la historia*: espacios y representaciones. Tomo II. Donostia: Erein, 2005.

CAPKOVÁ, D. The Recommendations of Comenius Regarding the Education of Young Children. In: DOBINSON, C. H. (org.). *Comenius and Contemporary Education*. Hamburg: Unesco Institute for Education, 1970.

_____. The Work of J. A. Comenius and the 17th-Century Culture. In: KYRALOVÁ, M.; PRIVRATSKÁ, J. (orgs.). *Symposium Comenianum 1986*. Praha: Academia, 1989.

_____. *Opera Didactica Omnia by J. A. Comenius*. Praha: Pedagogical Museum of J. A. Comenius, 2007.

CERTEAU, M. de. *A escrita da história*. 2.ed. Rio de Janeiro: Forense Universitária, 2000.

COMENIUS, J. A. *O labyrintho do mundo e o paraíso do coração*. São Paulo: Pensamento, 1917.

_____. *Pisma Wibrane*. Trad. Krystina Remerowa. Warszawa: Wydawnictwo Polskiej Akademii Nauk, 1964.

_____. *De rerum humanarum emendatione consultatio catholica*. Praha: Academia Scientiarum Bohemoslovaca, 1966a.

_____. Lexicon Reale Pansophicum. In: *De rerum humanarum emendatione consultatio catholica*. Praha: Academia Scientiarum Bohemoslovaca, 1966b.

_____. *Pampaedia*. Educação Universal. Coimbra: Faculdade de Letras, 1971.

_____. *School of Infancy*. Trad. Ernst McNeill Eller. Chapel Hill: The University of North Carolina Press, 1984.

_____. *Orbis Sensualium Pictus*. 3.ed. Dortmund: Druckerei Hitzegrad, 1985.

_____. *Opera Omnia*. Praha: Academia, 1986. v.15/I.

_____. *Didáctica magna*. 4.ed. Lisboa: Fundação Calouste Gulbenkian, 1996.

FRITSCH, A.; HAUFF, S.; KORTHAASE, W. (orgs.). *Comenius and World Peace*. Berlin: German Comenius Society, 2005.

GASPARIN, J. L. *Comênio*: A emergência da modernidade na educação. Petrópolis: Vozes, 1997.

GUSMÃO, A. de. *Arte de criar bem os filhos na idade da puerícia*. São Paulo: Martins Fontes, 2004.

KULESZA, W. A. Comenius' Proposal of Scientific Literacy. In: CHOCHOLOVÁ, S.; PÁNKOVÁ, M.; STEINER, M. (orgs.). *Johannes Amos Comenius*. The Legacy to the Culture of Education. Praha: Academia, 2009.

_____. *Comenius*: a persistência da utopia em educação. Campinas: Editora da Unicamp, 1992.

_____. Comenius e a crise dos paradigmas em educação. *Revista da Academia Baiana de Educação*, v. 1, n. 3, p. 22-25, 1994.

KULESZA, W. A. O lugar do ensino de ciências na pedagogia de Comenius. *Temas em Educação*, v. 2, p. 65-78, 1992.

KUHLMANN JUNIOR, M. *Infância e educação infantil*. 4.ed. Porto Alegre: Mediação, 2007.

MARQUES, F. *Muitas coisas, poucas palavras*. A oficina do professor Comênio e a arte de ensinar e aprender. São Paulo: Peirópolis, 2009.

PÁNKOVÁ, M. A Brief Chronology of the Most Important Dates and Works in the Life of J. A. Comenius. In: CHOCHOLOVÁ, S.; PÁNKOVÁ, M.; STEINER, M. (orgs.). *Johannes Amos Comenius. The Legacy to the Culture of Education*. Praha: Academia, 2009.

PIAGET, J. The Significance of John Amos Comenius at the Present Time. In: *John Amos Comenius on Education*. Paris: Unesco, 1957.

POLISENSKÝ, J. Antonín Gindely and Jaroslav Goll on the Life and Work of J. A. Comenius. In: CACH, J.; PESKOVÁ, J.; SVATOS, M. (orgs.). *Homage to J. A. Comenius*. Praha: Karolinum, 1991.

RAMOS, J. M.; VENÂNCIO, R. P. Apresentação. In: GUSMÃO, A. de. *Arte de criar bem os filhos na idade da puerícia*. São Paulo: Martins Fontes, 2004.

ROOD, W. *Comenius and the Low Countries*. Amsterdam: Van Gendt, 1970.

SUCHODOLSKI, B. Comenius and Teaching Methods. In: DOBINSON, C. H. (org.). *Comenius and Contemporary Education*. Hamburg: Unesco Institute for Education, 1970.

URBÁNKOVÁ, E. *Soupis dél J. A. Komenského*. Praha: Státní Pedagogické Nakladatelství, 1959.

SOBRE O LIVRO

Formato: 14 x 21 cm
Mancha: 23 x 44 paicas
Tipologia: Venetian 301 12,5/16
Papel: Off-white 80 g/m^2 (miolo)
Cartão Supremo 250 g/m^2 (capa)
1ª *edição*: 2011
120 páginas

EQUIPE DE REALIZAÇÃO

Edição de Texto
Frederico Ventura (Preparação de original)
Arthur Gomes e Vivian Miwa Matsushita (Revisão)

Capa
Andrea Yanaguita

Editoração Eletrônica
Eduardo Seiji Seki (Diagramação)

Assistência Editorial
Alberto Bononi

Camacorp Visão Gráfica Ltda

Rua Amorim, 122 - Vila Santa Catarina
CEP:04382-190 - São Paulo - SP
www.visaografica.com.br